全图解

教养的真相

王宏哲 著

25度　水脑　郭晋昂 绘

海峡出版发行集团 | 福建科学技术出版社
THE STRAITS PUBLISHING & DISTRIBUTING GROUP | FUJIAN SCIENCE & TECHNOLOGY PUBLISHING HOUSE

著作权合同登记号：图字 13-2020-067
教养的真相
作者：王宏哲 绘者：25 度、水脑、郭晋昂
本书由台湾亲子天下股份有限公司正式授权，福建科学技术出版社出版，限在中华人民共和国境内发行。

图书在版编目（CIP）数据

全图解教养的真相 / 王宏哲著；25 度，水脑，郭晋昂绘 . —福州：福建科学技术出版社，2022.10
ISBN 978-7-5335-6618-0

Ⅰ . ①全… Ⅱ . ①王… ② 25… ③水… ④郭… Ⅲ . ①家庭教育—教育心理学—图解 Ⅳ . ① G78-64

中国版本图书馆 CIP 数据核字（2022）第 012519 号

书　　名	**全图解教养的真相**
著　　者	王宏哲
绘　　者	25 度　水脑　郭晋昂
出版发行	福建科学技术出版社
社　　址	福州市东水路 76 号（邮编 350001）
网　　址	www.fjstp.com
经　　销	福建新华发行（集团）有限责任公司
印　　刷	福州凯达印务有限公司
开　　本	889 毫米 ×1194 毫米　1 / 32
印　　张	11
字　　数	237 千字
插　　页	1
版　　次	2022 年 10 月第 1 版
印　　次	2022 年 10 月第 1 次印刷
书　　号	ISBN 978-7-5335-6618-0
定　　价	58.00 元

作者序

易受挫折的教养时代，需要被肯定的正能量

每一本书的序言，对我来说都是真心话大冒险，因为我会把你当朋友一样对话。我知道你从有诗有远方的女性，变成了身陷困境的妈妈，所以我要写这本《全图解教养的真相》。其实孩子没有那么坏，你也是个认真的妈妈！那出现沮丧的困境的原因到底是什么？

给一直回到原点的“崩溃妈”

没有人是天生的爸妈，挫折是育儿必经的过程，失败也是一种进步，没有到不了的终点。

给担心孩子会不会来不及教的“烦恼妈”

只要他是个孩子，就永远来得及，只是不同阶段要用不同方法教导。

给看不到孩子改变的“失望妈”

孩子不是无法改变，让他先感受到妈妈的爱，知道妈妈是为他好之后，再一点一滴成长。我们习惯看得太短，失望得太早。

给不能理解孩子行为的“疑问妈”

我们教的是孩子，并不是一台机器，育儿路上没有所谓的标准。孩子所有脱序行为都是正常的，这是因为他们就是从这些脱序中学习秩序的。

给需要跨代沟通的“夹心妈”

那些令人难受的话，就不要听进心里。上一代的好妈妈，也不一定能理解这一代好妈妈的努力。

亲子关系的崩坏，可能源自“对话”的失败。为什么我会这样说？这是因为若父母不懂如何跟自己内心对话、不知如何跟孩子对话，大人跟孩子间的关系再紧密，也会带来很多的紧张感。我会先帮你收拾挫折的心情，将内在负能量释放出去，我们再一起继续走下去！

妈妈，相信我，你真的已经做得很好了！你要先肯定自己，别人才会肯定你。我真心诚意地盼望《全图解教养的真相》，这本书里的每段文字、每张图表，都能成为支持、温暖你的力量！

6

给觉得自己什么都做不好的“挫折妈”

别对自己要求太高，你已经做得很好了；教小孩时，不必因为一件事做不好就全盘否定自己。

7

给不想打骂但又不得已的“懊悔妈”

非得拿出棍子的那一刻，代表你是真的已无计可施。对孩子打骂并不表示你是个坏妈妈。你需要的只是学习更多教养方法，而不是承受这么多心理压力。

8

给每天都濒临极限的“忍耐妈”

善用另一半的体力、天马行空、人来疯等特质，把孩子适时丢给爸爸。排出专属于你的时间，找个懂你的人说话，说出来就会海阔天空。

9

给每天都忙到不行的“斜杠妈”

人没有十全十美，累了就要休息，尤其是每天都在做没有成就感的事。找个时间好好和另一半或其他家人沟通，明白告诉大家你需要怎样的协助，家是大家共同拥有的，而非你一个人的。

10

给期待有自己时间的“渴望妈”

起身吧！适时营造孩子和爸爸专属时间，他们的亲子关系变得更紧密，你才能得到更多支持，留些空白空间和时间给自己，你要先爱自己，这样才能更爱你的家。

目　录

1

讲不听的真相

2

慢吞吞的真相

3

不专心的真相

4

坏习惯改不掉的真相

5

事不关己的真相

6

冰山下的对话：自我、固执、不听话的真相

7

大脑与行为的真相

后记

妈妈，没关系！不管有多难，孩子会等你，也希望你等他长大

附录

1 讲不听的真相

1-1 老是讲不听的孩子：没有内在动机

有一次，跟一个妈妈聊天，她说："不管有多少耐心，都会被小孩磨光！"我很惊讶地说："你看起来这么优雅，完全无法想象你也有失去耐心的时候！"这位妈妈说："我自己也想不到我会有大吼大叫的一天。孩子小的时候，把整捆卫生纸丢到马桶；叫他不要去玩危险的东西他偏要。现在做功课时，教他生字的笔顺要怎么写，不是漏一撇就是少一捺，跟他说他就是不听，最后又在同一个地方犯错。不管哪一个阶段，都是讲不听！你说，优雅是什么？能吃吗？"我听完真是心生感慨，大人一开始都能好好跟孩子说，结果孩子都不听，逼不得已才会很生气地去教育孩子。

【如果可以选择，谁会想当"吼叫妈"！】

动机很重要，它是一种内在的动力，让我们主动寻求资源、追求成功，并驱使我们去执行。**简单来说，没有动机就不会行动。**

讲不听的事 TOP5

1. 叫他去睡觉，理由一大堆
2. 叫他不要碰，他偏要碰
3. 叫他做功课，他拖拖拉拉
4. 叫他洗澡，他说等一下
5. 叫他去洗手，他直接动手

游乐园里，娱乐项目能满足孩子的需求

待满足的需求 → 驱使 → 搜寻行为 → 目标需求满足

+ 紧张焦虑 −

想玩游乐场每个娱乐设施	索取游乐园地图	规划游乐路线	玩遍每一个游乐设施

动机产生的历程，可能来自兴趣、成就感、生存需要，也可能来自“需求”。例如，小孩想要玩游乐园中的每一项设施（待满足的需求），却担心没办法全都玩遍（因需求产生焦虑），因此拿出游乐园的地图（驱使），孩子接下来会认真研究，而且会规划路线（搜寻行为），直到如愿玩到所有想玩的游乐设施（满足需求），才会开心起来（焦虑降低）。

有没有发现，这跟被叫去写作业的过程很不一样？玩有动机，做该做的事缺乏动机。

有需求才有动机，孩子若有内在需求，可能会先有紧张的情绪，紧接着会产生一系列行为，让自己去获得满足以降低紧张感。针对“需求”起源的不同，通常可将“动机”分成两种：内在动机（intrinsic motivation）和外在动机（extrinsic motivation）。

所以说，动机很重要，它是一种内在动力，会令我们主动寻求资源、追求成功，并驱使我们去执行。**简单来说，没有动机就不会行动**。

不过，孩子学习的过程中，无论是内在动机或外在动机，似乎都无法完全切割开来，也就是说，没有单纯的内在动机，也不会有单纯的外在动机。

每天辛苦熬夜完成企划案，除了想拿到客观条件的薪水（外在动机），潜意识里是不是也想证明自己的能力（内在动机）。同理，做父母的千万别贪心地期待孩子从小就能发自内心主动收拾玩具。如果你家的孩子经过提醒后就会主动去收玩具，请赞美他，别认为孩子收拾玩具是理所当然的事，这只代表你的孩子是教得动的。

建立孩子的需要，他才有动机

分类	内容	举例	说明
内在动机	家长最渴望孩子拥有的是，孩子能发自内心喜欢去做某件事	主动收拾玩具、整理书包、把功课完成而不需要任何的奖赏	内在动机高的孩子主动接受挑战、勇于面对失败，有正向的情绪学习经验
外在动机	很让家长头痛，必须使用策略，包括奖赏、利诱、威胁、恐吓，甚至惩罚，孩子才愿意去做	要威胁利诱一番，孩子才愿意收拾、做家务、写作业，好像做任何事都得谈条件	即俗称的棍子（惩罚）与胡萝卜（奖品），这类的奖惩，很容易因过度使用而失去吸引力，作用无法持久

父母不懂孩子的需求

1. 寻求速度刺激的需求
2. 迫不及待被满足的需求
3. 现阶段要完成的需求
4. 大脑警醒程度调整的需求
5. 焦虑“等一下没得玩”的需求

给孩子“被肯定”的鼓励，才能激发他的动机

曾经有个小学一年级的孩子对我说：“我写了五六遍，妈妈还是不满意，一直擦掉我写的字，我再也不想写了！”

我们都知道孩子需要得到肯定，但由于父母“太尽责”，往往无法给孩子肯定。试着想想，如果你一直在做无用功，会有成就感吗？会想继续做下去吗？这或许也是孩子的心声，而父母常常看不到孩子心里在想什么。

美国著名的心理学家亚伯拉罕·马斯洛（Abraham Maslow）曾提出“需求层次理论”，由较低层次到较高层次依次为：生理需求、安全需求、归属与爱的需求、尊重需求和自我实现需求。

依照马斯洛需求层次理论，当人们满足了生理需求、安全需求、归属与爱的需求后，才会开始追逐“尊重”的需求和“自我实现”的需求，也才有动机去做这些需求对应的事。

对孩子而言，收玩具、做家事、写作业属于哪种层级的需求呢？让家里保持整齐会是孩子的需求吗？才不呢！孩子如果感受到“物归原位”是可以“被肯定”的事情，这个鼓励才是他的需求。

因此，要想让孩子产生内在动机，先要给予他一些外在诱因，让孩子感受到“原来我是做得到的”“原来我可以”“原来这么做会让大家开心”，接着，他才会主动去做这些事。

马斯洛需求层次理论

自我实现需求	指实现个人理想、抱负，发挥个人的能力到最大程度，完成与自己能力相称的事情。
尊重需求	包括对取得的成就或自我价值实现的个人感觉，也包括他人对自己的认可与尊重。
归属与爱的需求	例如友爱和亲情。
安全需求	例如健康、自身安全，或安全感等。
生理需求	例如食物、水、如厕或睡眠等。

多鼓励，增加孩子“我做得到”的自信

外在动机 → 玩具分门别类收拾整齐

我做得到 → 自己收玩具

外在正向回馈 → 主动帮忙的家务小帮手

内在动机 → 变成家务小达人

教养的真相 ↗ 一个有自信的孩子，背后有懂得鼓励的父母。

1-2 没有奖励就不做的孩子：赞美的反效果

很多父母都知道要奖励孩子，但大家又会担心，做每件事都要奖励的话，日后孩子会不会养成要得到奖励才去做事情，没奖励就不去做的习惯呢?

奖励方式，会影响孩子的自主性

1970 年代的心理学研究认为，不该使用“外在奖赏（或动机）”，因为它可能会减少“内在动机”。1985 年美国心理学家德西（Deci）和莱恩（Ryan）所提出的“认知评价理论”（Cognitive evaluation theory）认为，利用外在强化来控制行为，最终会弱化个人的自我决定能力，导致内在动机的削弱。而且，使原本有兴趣的活动变成必须依靠奖赏（completion - contingent rewards），才会去做的行为。说明奖赏或正增强会减弱内在动机发展。

把德西等人所做的研究整合分析，进一步研究并验证此论点：“只要完成，就有奖赏”，或是“做得出色，就有奖赏”，**这两种方式都会削弱内在动机，因为奖赏影响了自主性。**

在当时，心理学家的确说明了奖赏或正增强，是会影响

想让孩子表现好，不一定要靠奖赏

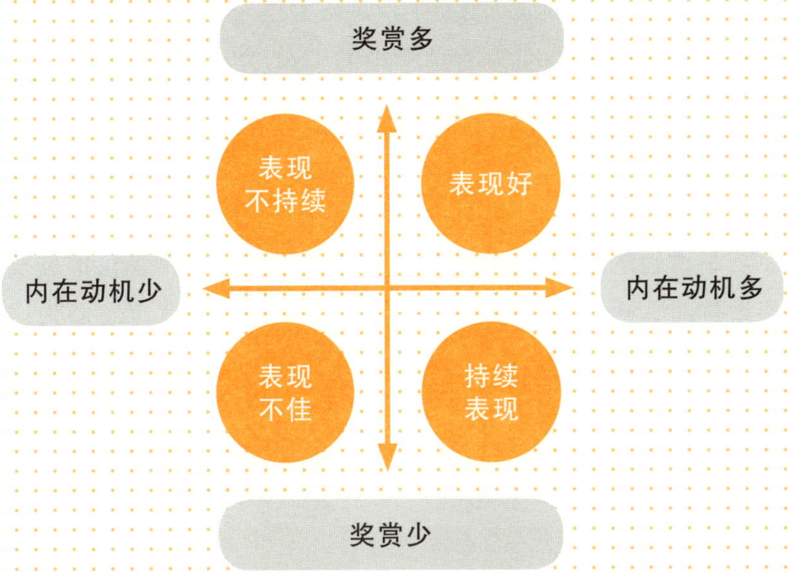

认知评价理论认为“表现好就给奖赏”，会削弱内在动机，
内在动机被削弱，行为表现就会受到影响

奖赏给不对，削弱孩子的内在动机

行为表现 ▶ 错给奖赏 ▶ 削弱内在动机

内在动机发展的，举例来说，当孩子喜欢弹琴，父母为了赞许他每天自动自发练琴，答应练完琴就给点数（奖赏），且集满点数还可以换奖品。德西学派认为这样的方式会削弱弹琴的内在动机！这是因为心理学中的“过度合理化效应”（Over justification theory）在作祟。

“过度合理化”是由莱珀（M.R. Lepper）和格林（D. Greene）在 1973 年提出的一种认知理论，他们认为，儿童在参与某种行为之后，会合理化该行为。莱珀曾观察儿童自发行为发生时，再加入外在奖赏后，外在奖赏对儿童自发形为的影

奖赏与兴趣培养的研究

组别	奖赏类别	研究内容	说明格式
第一组	预期的奖赏控制	研究者向孩子说明，只要画画，就可以得到一份奖品	第一组花的时间少于其他两组，而且对画画的兴趣，也低于最初观察时期的兴趣
第二组	非预期的奖赏控制	研究者只要求孩子画画，并没有提及任何奖品。但孩子画画后，可以得到一份和第一组相同的奖品	
第三组	没有奖赏的控制	孩子画画后，并没有任何奖励	

响。他首先观察学龄前儿童在自由活动时间于教室内的情形，并记录他们花在绘画上的时间；接着，研究者将受试儿童随机分派到 3 种情境之一（见第 11 页）。

两个星期后，研究者再观察孩子在自由活动时，花在绘画上的时间。询问第一组儿童为什么以前常画画，而现在较少画画的时候，这组儿童回答：“以前常画是因为想得到奖品。”这个回答将现在不经常画画的行为合理化了。由此可见，奖赏有时反而会剥夺孩子原本在游戏中享受的乐趣。

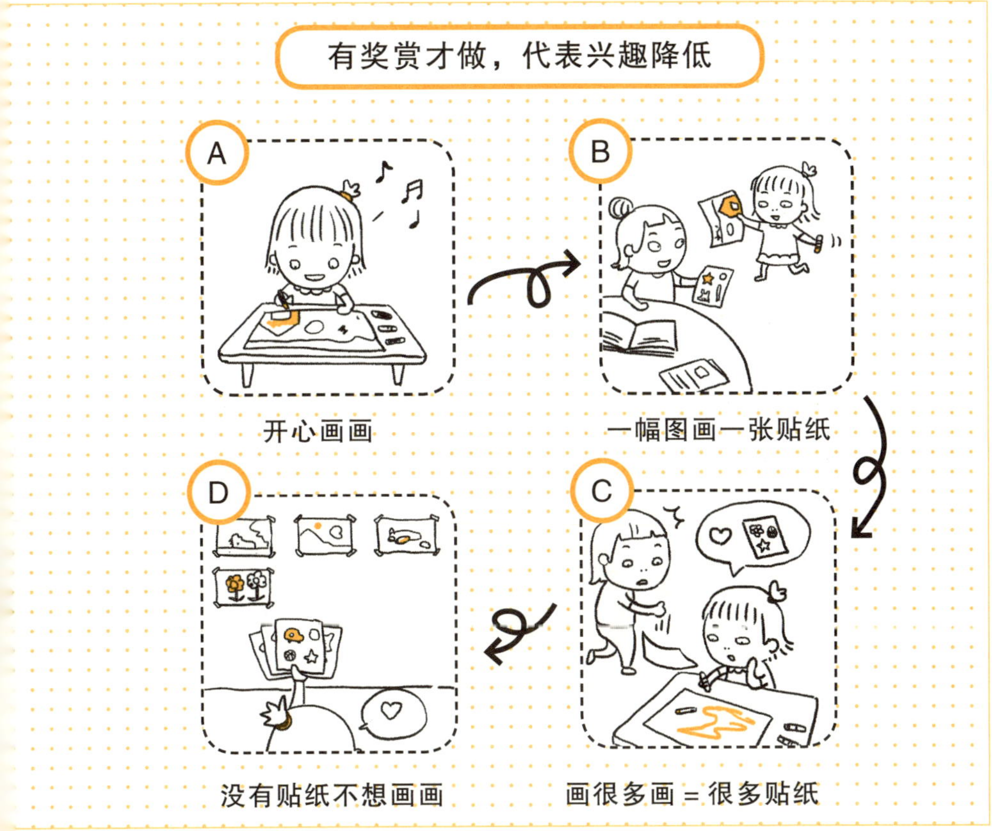

口头赞美比奖品好，能增强孩子动机

但奖励制有害的说法完全正确吗？这论点，于 21 世纪初开始受到质疑。1994 年卡梅伦（Cameron）和皮尔斯（Pierce）发表于《教育研究评论》（*Review of Educational Research*）的整合分析研究曾指出，并没有一致性的证据认为奖赏会削弱内在动机，事实上，**“口头的赞美”反而还会增强孩子的内在动机**。

艾森伯格（Eisenberger），罗茨（Rhoades）和卡梅伦于《人格与社会心理学期刊》（*Journal of Personality and Social*

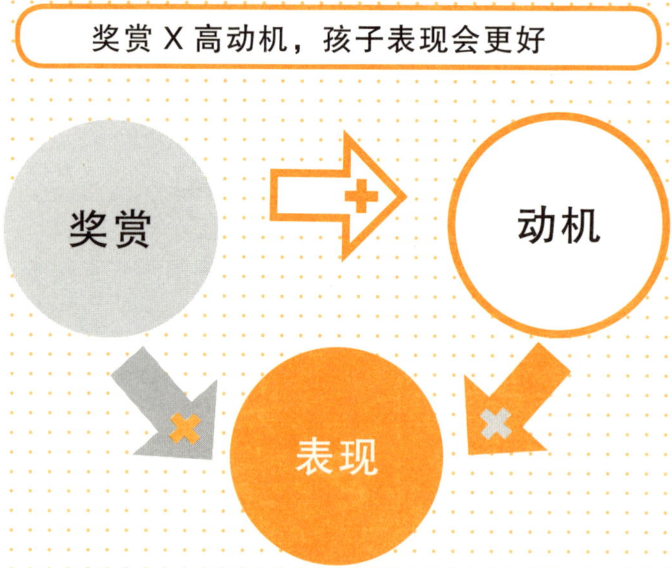

说明　行为心理及经济学派认为“表现好就给奖赏”，会提升表现行为，而表现提升的原因，可能来自动机的提升。

Psychology）的文章认为，当奖赏内容跟孩子的完成品质有关（Quality-dependent reward）时，外在奖赏并不会对孩子的内在动机造成负面影响，甚至还可以增加孩子的自主性，甚至提升内在动机。

于是，开始有学者质疑和反思过去的研究，认为“奖赏”未必是使孩子画画时间变少的唯一影响因素，有可能是孩子本身对这个活动已感到厌倦了。而且，奖赏本身属于控制性质，并不是针对孩子的能力、自主性来给予的，很有可能是“控制”本身降低了孩子内在动机，而不是奖赏。

行为心理及经济学家的研究则发现，“做得出色，就有奖赏”这样的方式能有效提升“表现”。认为提高“动机”，会增加“表现”的学者，发现奖赏之所以能让表现提升，背后的原因可能就是动机提升了。所以，要想让孩子对学习产生兴趣，最重要的就是“别让他在这活动中，感觉受到很多控制”。

根据表现分级奖赏，减少控制，才能提升孩子的兴趣

上述两派学者对于奖赏和动机的关联的论点截然不同。为了厘清它们之间的关系，2016年美国科罗拉多大学教授Rosa Hendijani，采用更严谨的实验方式，发现“内在动机”和“做得出色，就有奖赏”两者同时存在时，一样能够提升孩子的整体动机和表现结果。该研究表明，对孩子而言：

1. 奖赏在心中的价值，与内在动机一样重要。

2. 设定的标准孩子是否达得到，会影响到他们接下来的表现。

奖励或赞美，不要言过其实

内在动机

+

内在赞赏

▼

持之以恒

结论是，依据表现给予奖赏，确实能提升孩子的动机，也许一开始孩子看重的是奖赏（外在动机）。但随着完成表现、自我挑战得到肯定，也会提升他的内在动机，关键在于，父母不能给孩子设定过于困难或过于简单的目标，唯有依照孩子的能力设定奖赏内容，才能有效提升孩子的动机及表现。

我前一阵子看了《老师，你会不会回来》一剧，剧中王老师为了让孩子更乐于学习，订出了大量的奖赏制度，虽然一度被其他老师批评为“贿赂”，但学生在追求外在动机的过程中，获得了成就感，也提升了学习的内在动机，这是适当奖赏能激发内在动机的最佳例子。

教养的真相 → 根据表现合理奖赏，可以让孩子学得更好

1-3 条件交换的孩子：被动不听话

我曾经帮一对父母解决孩子非常爱看电视的问题。这对父母一关掉电视，孩子就大发雷霆、大吼大叫。我问他们说：“孩子一天看多久的电视？”妈妈说：“大概两个小时。我们告诉他，吃完饭或做完功课，就可以看电视。”我摇摇头：“这就是把看电视当作诱因，最后让他进入无法自拔的陷阱！”

“如果你乖乖坐好，我就给你玩具。”“你把饭吃完，我就会让你喝果汁。”“帮忙做家事，才有零用钱”……这些可以让孩子马上动起来的“条件交换”，代表孩子都是为了诱因而表现，但，这是好的做法吗？

条件交换，孩子模仿的是讨价还价

研究发现，给孩子奖励，不能含有任何“控制”成分，控制与自我挑战、能力满足无关，这叫“贿赂法”。上述的例子，乖乖坐好有玩具、吃完饭喝果汁等，都是控制，这样的奖赏不仅无效，反而有反效果，会降低孩子自发性坐在餐椅上吃饭等的内在动机。

贿赂法是奖励“地雷”

1 交换条件，让孩子学会讨价还价

2 随机奖励能提升小孩主动性

3 贿赂法，无法让孩子的好行为内化

心理学家研究发现，如果经常用东西跟孩子交换，孩子就会被你暗示，而更喜欢那样交换的东西，最后导致不是因为饿才去吃饭，而是因为有果汁喝才吃饭。这种行为的危险性在于，如果大量用这种交换条件去换取孩子要做的事情，他的内在动机就会丧失。而且，如果孩子觉得奖品不够丰富，就不做原本该做的事，开始讨价还价。

面对大一点的孩子，我们常常这样做。“做家务，赚零用钱”是非常危险的错误观念。如果已经养成只要做事就有钱拿的坏习惯，日后他参与每项家务前，都会先问你：“妈妈，那我今天帮你拖地、帮你浇花、帮你倒垃圾，有没有钱拿呢？”若孩子开始以金钱为衡量标准，甚至问你：“那有多少钱？”这就表示，孩子已经中了贿赂法的毒。

要想改变这种错误的教养方式，就要减少条件交换的方式，让孩子听话。但是要如何奖励，才能避免贿赂，还能触发孩子的内在动机呢？那就是改良版的“集点制度”。

孩子为了零用钱做家务，中了“贿赂”毒

训练小孩耐心等待，善用“改良式集点”

所谓改良式的“集点制度”，有三个实施重点。首先，当孩子缺乏行为动机时，才能用集点制度；好比说练琴、阅读、洗碗、整理书包等，有些孩子没办法从这些活动中培养好习惯，也不知道自己为何要这样做，因此造成亲子之间沟通不顺畅的情况，这时就建议用改良式集点。

这种时候不需要有动机，纯粹是帮孩子建立好习惯，但在操作的过程中，父母要帮孩子分析，而不是单纯为了集点而集点，例如，在贴贴纸的同时你可以说：“嘿，我发现你今天很主动耶！我觉得你今天很认真呢！所以妈妈给你加一点。”用这种方式加强孩子的正确行为，才不会让他忘记自己曾经做过的优良行为。

集点制度的实施关键

1	缺乏行为动机，再用集点制度
2	改良式集点，能培养好习惯
3	四岁后具有同理心，较适合使用奖励
4	不立即满足的分段集点，可培养耐心
5	集点奖励制度能少用就少用
6	讨论奖励时，要学会衡量奖励价值

改良式集点制的教养新观念

改良式集点

- **为了培养好习惯**
  - 练琴
  - 阅读
  - 洗碗
  - 整理书包
- **4 岁以上较合适**
  - 年龄太小：为得到奖励而做
  - 4 岁以上的孩子：训练延迟满足较易成功
- **自我分析提前讨论**
  - 事前约定
  - 亲子共同讨论目标

其次，集点制度有年龄限制。怎么说呢？一般来说，4 岁以上的孩子会比较适合使用集点奖励制度，因为年龄太小的孩子，可能会真的为了得到贴纸而做出一些优良行为；4 岁以上的孩子开始滋长同理心，也比较成熟了，能知道别人的要求，比较听得懂大人的分析，大人可借此开展延迟满足训练、让孩子了解过程比结果重要的道理。

最后，集点奖励制度能少用时，尽量少用。如果一定要用，也必须事前共同讨论。例如，集满 10 点可以得到一个小礼物、集满 30 点就可以亲子出游，集满 60 点就可以去看一场舞台剧……这个规则在事前就要先约定好，而且当孩子达到第一阶段时，要引导他思考是换掉，还是往下一个目标迈进。改良式集点制度的关键，是让孩子分析自己的进步点，4 岁的孩子仍不清楚自己做对了什么事才能得到奖励，而且容易因为奖品而忽略过程，父母从旁引导与分析，是提升孩子心智成熟的重要做法。

也就是说，**集点奖励制度的关键，是让孩子分析自己的进步点**，4 岁的孩子仍小，并不知道自己在过程中努力了什么而得到奖励，父母从旁提醒与分析，是提高他自己分析自己的能力，这也是最受用的礼物。

不同的年龄层，奖赏技巧也应该不一样，10 个月左右的幼儿，就会开始做出展示（showing-off）的讨赏行为，借此得到大人的注意力。所谓“展示”，家长们最常遇到的例子就是幼儿把水喝光后，把杯子举得高高地给大人看，期待大人的赞美与肯定。在这个行为的背后，我们可以发现，孩子并非要物质上的满足，而是更喜欢与大人互动。所以，期望 2 岁以下的幼

习惯“社会性赞美”的孩子，长大后物欲比较低

赞美过程，胜过赞美结果

1. 让孩子记得好行为的过程
2. 真心诚意看着孩子给赞美
3. 及时给赞美、充分讨论
4. 引导孩子不要只在意结果

儿有好的行为，就要留意孩子的“展示”行为，给予大量的回馈，才是最重要的亲子互动。

很多孩子跟大人分享自己的故事时，家长常常都在做自己的事，这样人在心不在的相处，就是在破坏学习的动机。学龄前的儿童，除了赞美、拥抱，“集点表”的运用也能让他表现更好。因为这个年纪的孩子，对自己能完成的事情感到很骄傲，期待大人看到他努力换来的集点表。

例如，早上起床只要不哭，可得到一张贴纸，不论孩子是否赖床或生气。很多父母担心，一天下来会不会给太多贴纸？其实，只要把换奖品的目标拉远即可，如 60 点再换奖品。

小学以后的孩子，心智成熟度更高，父母可以执行复杂的奖励，例如“主动”有 1 点；“动作快”有 1 点；“专心”有 1 点等。审慎订出好行为价目表，当孩子做出非常难得的好行

三个步骤，让集点表更有效

动手做	孩子自己做集点表，会对集满贴纸这件事更有动力
投其所好	让孩子自己挑选喜爱的卡通人物图案贴纸，孩子要想得到这个贴纸，必须先“付出”
分级设目标	一次针对一个行为的进步，给予贴纸。一开始设定的目标行为可以简单些，让孩子觉得这个活动不困难

为时，可以跟学龄孩子沟通后加倍给点数，让孩子记忆深刻。

除了具体计划外，学龄的孩子更需要的是“权力下放”，例如自己决定去哪里玩、自己安排课后时间，这对学龄后的孩子是重要的奖品，因为这代表大人对他的肯定。

还记得前面提过的马斯洛需求层次理论吗？当孩子感受到被尊重后，他才会有动机去自我实现，对学龄孩子来说，获得更多自己能独立完成一件事的成就感，比获得物质更重要。

教养的真相：用什么贿赂孩子，孩子就会对那样东西无法自拔！

1-4 一直犯同样错的孩子：可能因为大人无效的处罚

你有对孩子说过“禁止”类的处罚式言语吗？例如，“玩具没收拾好，就没有玩下一辆遥控车的机会”，或“鞋子乱丢，就不要出门，你越慢，到公园玩的时间及项目就越少”等。

尽管前面讨论了很多奖赏的效益，但在实际生活中，仍然有许多家长会说：“本来就该做的事，我还要给孩子奖励？实在做不到；叫不动，没关系，家法拿出来就会动！”惩罚似乎也能达到这个效果，但这样对吗？

大多数的惩罚，并不会减少孩子的犯错次数

停止！无效的惩罚

1	威胁	再不睡觉就家法伺候
2	以暴制暴	你打人，我就打你，让你知道痛
3	剥夺权利	再不关电视，就不要喝果汁

通常父母会用到惩罚这一招，多半是希望孩子不要再犯同样的错。事实上，德国符兹堡大学心理学系教授安德拉斯·艾德（Andreas Eder）研究发现，惩罚不但无法遏止犯错，还可能增加犯错的动机！

这项研究是让受试者判断屏幕上出现的数字，如果数字为1～4就按下左键，数字为6～9就按下右键。在进行实验之前，先让受试者知道，按特定按键会感受到轻微刺痛的电流，因此研究者预期，当受试者按下会感到轻微电流的按键时，速度应该会比较慢。结果出乎意料，受试者反而更快地按下去。研究者归纳出一个结论，单靠惩罚没有办法遏止特定行为，反而可能会诱发出该行为，就像很多妈妈常抱怨的，“孩子很奇怪，明明知道会被揍，还故意去做！”

对于这样的结果，研究人员初步认为是因为紧张、心跳加速、肌肉紧绷而造成的神经敏感，“对受试者而言，反正都要痛，那就长痛不如短痛吧！”

但当实验方式调整后，似乎又无法解释这个实验结果。这次同样是请受试者判断数字大小，唯一差别是在作答时，某一个按钮的电流较弱，另一个则相对较高。结果显示，受试者在按电流较弱的按钮时，会快速按压，当要按电流较强的按钮时，尽管较疼痛，但作答的速度没有明显改变，也就是说，疼痛感并不是选择快速按钮的唯一因素。

艾德教授还认为：“由此可知，惩罚（电流）并不会压制受试者的行为，相反地，如果经常使用‘惩罚’来控制他人，反而会刺激他人更加频繁地出现相同的行为。”不过心理学家也强调，这并不代表惩罚完全没用，只能说光靠惩罚无法抑制孩子犯错。

我每次在做教养直播时，只要提及小孩讲不听的行为，总有爸妈留言回应：“再不睡觉就家法伺候”“再不关电视，以后就不给你看”“你打人，我就打你，让你知道痛”等，原来这些惩罚早已被研究证实无效，难怪有那么多的苦主在看直播。父母总是习惯遏止错误的行为，甚至以暴制暴，却忽略了正确的行为需要引导这个道理。

光处罚没引导，好行为不会内化

孩子的行为引导该怎么开始呢？举例来说，我们很讨厌孩子说谎，于是很多父母会这样教：“东西是你藏起来的吗？如果你老实说，妈妈就不会处罚你。”看起来这句话似乎没有错，只要诚实，就不会被惩罚，但其实这样的说法仍然暗示孩子“不诚实会被惩罚”。很多父母看到这就不懂了，惩罚说谎有什么错？这就要从“动机研究”方面来说明了。

加拿大麦基尔大学维多利亚·塔瓦尔（Victoria Talwa）博士，曾经探讨了三种亲子间的沟通方式：内在动机沟通法、外在动机沟通法和暗示惩罚沟通法。该研究对 372 位 4 ~ 8 岁的孩子进行诚实行为的测试。结果发现，尽管孩子预期得到不诚实会被惩罚，还是有相当高比例的孩子选择不说实话（惩罚会让孩子选择继续犯错）。

拿掉惩罚的暗示，并给予孩子“外在动机”，例如父母说：“如果是你把东西藏起来的，没关系，我不会对你生气；如果你诚实说，我会很开心，我很喜欢你说真话。”结果发现，孩子说真话的比例显著增加。

如果给的是“内在动机”呢？例如父母说出：“如果是你把东西藏起来的，没关系，我不会对你生气；最重要的是你要诚实，因为这才是对的行为，做人要诚实。”之类的话，的确也能增加说实话的比例，但还是不如给予“外在动机”的效果好。研究者认为，这是因为4～8岁的儿童会比较在乎能否取悦大人、赢得大人的注意；如果是年纪大一点的儿童，也许实验结果就会不同了。

亲子沟通三个方法——内在、外在、暗示

内在动机沟通法
教道理

如果是你把东西藏起来的，没关系，我不会对你生气；最重要的是你要诚实，因为这才是对的行为，做人要诚实

外在动机沟通法
没有惩罚暗示

如果是你把东西藏起来的，没关系，我不会对你生气；如果你诚实说，我会很开心，我很喜欢你说真话

预期惩罚沟通法

东西是你藏起来的吗？如果你老实说，妈妈就不会惩罚你

说明 4～8岁：引导好行为最有效。

总而言之，要改变孩子的行为，有时候惩罚是必须的，比如常听到的“自然后果”，其实也是一种惩罚，让孩子知道错误的行为会产生什么样的后果非常重要。

避免孩子犯同样的错，教养 4 招

1	冷静、具体地指出错误行为	让孩子明确知道什么才是正确的行为，不要只批评错误行为
2	示范正确行为	演练正确行为，孩子听懂不代表会做
3	肯定孩子的改变	不论是否表现出正确行为，只要有尝试，就该给予奖励，当然可以根据孩子行为改变的程度，给予孩子不同层级的奖励
4	设定学习目标	提供多种学习目标，不要只作口头告知，视觉提示、直接示范、剧本演练、情境模拟，都是好方法

教养的真相 → 孩子犯错，不要只惩罚，更要肯定他的改变！

1-5 叫不动的孩子：父母先改变沟通方法

教养虽然没有对错，但有时候若用错方法，不但无效，还会造成孩子“耳背”、教不动的情况。就像做父母的都期待孩子能有高情商，但当他犯错时，父母有时急着教导，而忽略了静下心来了解孩子行为背后的原因与动机。可能是父母示范了低情商的行为，进而被孩子模仿。

孩子在过大的压力下，
会把感官关起来

孩子叫不动，是大人的沟通方法出了问题

1. 见面就批评，孩子耳朵关得更紧
2. 太唠叨，孩子听不到重点
3. 教小孩时，常常讲出气话
4. 只要求听话，很少倾听孩子说话

我在临床教学将近 20 年，看过很多叛逆的孩子，发现他们之所以不听大人的话，其实是大人在教养时做错了上文提到的 4 件事。

管教说重点，孩子的耳朵会打开一点

教养讲重点的 4 大要领

要领 1	交代事情时，要中断孩子正在做的事，让他看着你 →	孩子边看电视边吼他，是不正确的教养
要领 2	不要没有预告，就要求孩子立刻马上做到 →	5 分钟内睡着，就是不合理规定
要领 3	6 岁以下，父母指令不要下太多 →	回家后，请他做 3 件事是合理要求
要领 4	跟孩子讨论彼此认为合理的要求 →	6 岁后，可以跟孩子共同设定做每件事的合理时间

爸妈一定要记得，大人都做不到的事情，千万别一口气要求孩子做到。例如，很多父母只要一赶时间，在开口交代孩子时，会不停地说“再过 1 分钟我就要出门”，这样只会让孩子生气、放弃，因为他听不完整父母交代的重点，也做不到。

美国心理学家发现，一个指令里，成人只能接收到 7 个左右的重点，6 岁以下的小朋友能接收的更少，3 ~ 5 个重点就是极限了。

管教的重点是，交代事情时，要让孩子中断正在做的事，让他看着你，且要用短小简洁的句子，越简单、越明确、越好理解的指令才是越理想的指令，而且要提出合理的要求，让他们发自内心接受并付诸实际。例如：“9 点全部关灯睡觉”，可能就是缺乏弹性的不合理要求；而“9 点 ~ 9 点半关灯睡觉”，就是较合理的要求，他们会比较愿意接受。

父母太唠叨，孩子会情绪抵触

当父母总是念叨着孩子要把功课做好、要把玩具收好、要乖乖坐着吃饭时，多数孩子心里想的是：“拜托，我会做啦！你好啰嗦、好烦啊！”这种生活中大小事都要管的父母，反而会让孩子产生被动式抗议。

管教中的重点是，信任孩子会做好，所以交代他做好自己的事就好。虽然很多时候孩子不一定会做得到，但一星期里只要有一天孩子能自己把事情都做好时，就要记得给予鼓励与赞美，这才能让孩子成长并从中发现自己的进步。

教小孩，多些肯定句

现代父母工作忙碌，有时会在教养的过程中，无心用了一些情绪化用语，好比说：“噢，你乱丢玩具，难道你不知道我每天工作很忙、很累吗？再这样下去，妈妈会疯掉，你希望妈妈疯掉吗？……”诸如此类的字眼，出现在和孩子的对话当中。

教养的重点是，当孩子捣蛋时，用温柔坚定的口气，当他的面说：“妈妈今天工作有点累，我们一起把玩具收拾好，你是我的小帮手，我等你！”当他跟着一起收拾时，记得要感谢他、赞美他，例如“你真的帮了妈妈很大的忙。”

建立孩子的同理心没办法一蹴而就，是需要慢慢训练的，记住不要用罪恶感、羞耻感让孩子顺从，这只会令他陷入两难。只要好好地说出你自己的感受就好，别把工作上的坏情绪加倍地发泄在孩子的身上，这虽然有点难度，但非常值得一试！

用温柔坚定的语气，帮孩子建立同理心

少些情绪用语

唉，你乱丢玩具，难道你不知道我每天工作很忙、很累吗？再这样下去，妈妈会疯掉，你希望妈妈疯掉吗？你要累死我吗？

温柔坚定语气

妈妈今天工作有点累，我们一起把玩具收拾好，你是我的小帮手，我等你！

只让孩子听话，却忘了倾听孩子说话

对于要兼顾工作又要做家事的父母，他们在忙乱的过程中，还要顾及孩子的教养，确实是件很辛苦的事。有时候，当自己在工作时，孩子特别爱来烦你，这时多数妈妈都会说：“没看到我在忙吗？在我忙的时候不要吵我……”等，敷衍地把孩子赶走，但孩子真的有话想跟你说，怎么办呢？

管教中的重点是，当孩子希望你听，你却没空回应时，可以真诚地跟他说，自己正在忙，忙完后就去找他。**妈妈真诚地说**

出自己为难之处，也是在训练孩子学会等待，另外，也让孩子愿意相信妈妈。

最后请记得，当你忙完时，一定要说到做到，去听听孩子想跟你说些什么。

“王老师，为什么我的孩子在学校里的表现跟在家里一点都不一样，学校老师说他好懂礼貌、是个小帮手；怎么一回到家，完全像是变了个人似的……”很多妈妈都有类似疑惑，老师跟妈妈的教法，到底有什么差别？

我们都知道易子而教比较容易，孩子通常也爱挑战亲生父母的底线，虽说教养没有对错，但每天忙于工作与家事的父母，会习惯运用快速的方式解决亲子间的困境，虽然不会对健康生活产生严重的后果，不过，这却是个无效教养方法，不但亲子关系不会好，生活也不愉快。

孩子不能跟着做，是语气出了问题

迷思 1	限制语气	不准动，给我乖乖坐好
迷思 2	夸大	还不去上学，我看你是你们班最后一个到的
迷思 3	碎嘴子	边帮孩子穿衣服，边没完没了地说话
迷思 4	威胁	你再不去洗澡试试看
迷思 5	唠叨	我不是让你写完作业、收拾好玩具、洗完澡后再去玩？饭吃光了吗？记得收拾碗筷，听到了没？

无论是采用“限制、夸大、碎嘴子、威胁、唠叨”中的哪种口吻，对孩子的学习与教养都没有帮助。以限制口吻来说，这种做不到的教养不能轻易说出口，否则会让孩子养成“反正我都做不到，干脆不听了”的心态；至于夸大法更要避免，当孩子越大，只会觉得你说的都不是真的、都只是在骗人而已。

而威胁或唠叨对孩子也没好处，他不但无法内化、记不住，也容易养成“耳背”的习惯。我建议父母经常找机会与孩子沟通和讨论，包括让他自己制订计划、给他时间让他思考、不要急着采用立即见效的语言，才是有效的教养。

有坏习惯的孩子，父母先改变说话方式

1	订出合理范围	制定能够实现的规矩。例如，眼睛闭上，9点半前睡着就好
2	指令清楚	对于3～5岁的孩子，指令要给的清楚明确，例如，“来，把书包放柜子上、玩具收拾好。”
3	平常就要跟孩子说明原因	求快总是容易自食恶果。如果孩子爱乱摸乱碰，找时间好好跟他说说话，多说几遍，让他记住你在意的点
4	说出孩子的进步点	教养里不要有太多批评与负面指责，有时说出孩子的进步点，给予鼓励，孩子反而愿意打开耳朵认真听

教养的真相

大人愈急，孩子愈慢；
大人愈逼，孩子愈唱反调。

1-6 没有自信的孩子：学习失去“成就感”的真相

有个孩子来跟我哭诉：“我每天的功课都要写上五六遍，写完都是晚上 11 点了，每次拿给妈妈看，都被要求擦掉重写，我干脆不学好了！”你没听错，这孩子已经承受不了做功课的挫折了，才说出了这些激烈的话！

孩子很受挫折，他看不到目标在哪里！

爸妈都知道孩子需要得到肯定，但父母太尽责，常常徒增孩子挫败的心理，反倒造成负面效果。试想一下，如果大人一天到晚白做工，会有成就感吗？还会想继续做下去吗？其实，小孩的心态也是如此。

当孩子能靠自己的力量完成功课，哪怕被老师修正，也是完成，自然会产生自信心。这样的孩子，长大后才会有主动面对困难的能力。

孩子从小就被大人拿去跟其他孩子比来比去，你以为他们还小，其实他们心里很清楚。而且，在这些比来比去的过程中，孩子的自信心就这么一点一滴地流失了。

对孩子产生的心理影响

1	让孩子容易自我怀疑、缺乏信心
2	让孩子善妒、自我否定
3	让孩子的想法变得消极
4	让孩子容易紧张、敏感

曾经在幼儿园校门外，听到一个妈妈到学校接孩子时说："老师教了这么久的歌，你怎么都还不会唱？其他的孩子都会唱了，你是怎么回事！"说完，那个孩子就生气地在学校门口耍赖不走，不一会儿又被骂了。当时我正在现场，忙着帮那个小朋友圆场，跟他妈妈说："我们的孩子在家练习很多遍才会的，不是一次就学会了的！"

其实我更想说的是，一个三四岁的孩子，知道被比较了，但似乎又无可奈何，他心里一定不是滋味，**这样的无心比较有时候就是情绪爆发的主因之一**。学龄后的孩子，当他们拿了一张 95 分的考卷回家，大人第一反应通常是："你们班有没有人 100 分？ 90 分以上有几个人？"这也是一种无形的比较。

现在的孩子挫折耐受度低，爸妈却一直要求孩子抢第一、不能输，从两三岁开始，孩子听得懂大人的要求时，就一直说："谁家的孩子表现得比较好……"，**于是他们会一直修正自己，以符合家长的过度期待，一旦达不到家长的要求，就会失去自信心，只剩下挫败感。**

用比较的教养方式养小孩，对孩子的心理冲击大，甚至会让孩子产生阴影。

比较言语，会让孩子产生阴影

比较言语	对孩子的影响
比高矮胖瘦	高矮胖瘦有一半来自基因，并非孩子可以选择，爸妈愈是比较，小孩愈不喜欢跟这些人在一起
比能力	老是拿其他家孩子的成长速度来跟自己的孩子比，如：“人家都会自己坐马桶了，你到现在还在包尿布！”只会让追不上进度的孩子，对新事物更排斥、更恐惧
比才艺	才艺课，看到其他同学都乖乖做得很好，就开始积极介入。这会破坏孩子的内在动机，还会提早把这项兴趣给抹灭
比谁家乖	有些孩子会因此产生反其道而行的心态，认为反正我就是做不到，越发变得挑战父母底线、用更叛逆的行动来博得大人的关心
比成绩	用超过孩子能达到的目标来要求他，这反而会让孩子更没心思学习。曾有一名小学生很不服气地跟我说：大人每次都说我考不到 100 分，他们小时候就可以吗

这不是关心！比来比去，比掉的是自信心

10招自信小孩养成术

1	尊重孩子的选择
2	让孩子尝试错误
3	允许出错
4	别常用激将法
5	不要比孩子更在意输赢
6	学习没喘息，会容易逃避
7	当孩子面比，孩子更容易自暴自弃
8	多一些成功经验能树立信心
9	学习不会立竿见影
10	学习态度与习惯，远比分数更重要

我们都知道过度比较孩子不好，但常因自己的焦虑，使自己对孩子的关心变成了过度担心，当教养沦为各种比较，对孩子的爱不知不觉间就成为他的负担。如果想帮孩子树立自信心，应该要怎么做呢？

尊重孩子的选择

不要严格规定孩子的学习目标，要适当给予他选择的权

利。例如，若不喜欢学琴，没关系，也许他喜欢玩打击乐或唱歌呀！是不是也一样能提高音乐修养呢！

让孩子尝试错误

若孩子遭遇挫折或跌倒时，爸妈不要急着扶他，否则孩子不容易看到自己的弱点与缺点。例如，才刚学习写 b、p、m、f，你就嫌他写得不好，要全部重写，这时，他反而体会不到字体工整的概念了。

允许出错

孩子一犯错就不断唠叨责备的话，孩子会变得容易紧张，担心自己达不到大人的目标。例如父母最常说的："我不是让你小心喝汤吗？你看你又洒出来了！"类似这样的责备只会让他愈来愈怕犯错。培养孩子的能力需要多一分的鼓励、少一分的责备，这样，孩子才更愿意跨出去。

别常用激将法

有些爸妈喜欢用激将法来刺激孩子："唉呀，我想你一定做不到！"其实激将法要看个性与时机，太常使用这招，反而会让他产生"我就是很差很烂，就是做不到！"的偏差心理。

不要比孩子更在意输赢

有些爸妈比孩子更在意输赢。好比说常在下课接孩子时不经意地问："今天考得怎么样？比赛是赢还是输了？今天老师有没有称赞你？"……这些问题无形中都会让关心变了调。有些孩子很怕这种高度期许的压力，进而影响他们的学习动机与表现。

学习没喘息，会容易逃避

身边很多学龄前的孩子，每天都在赶场学才艺，却没有时间适应新的学习，更没力气消化学习的内容，反而累积了许多挫败经验。最后只要是在可以喘息的时间又排进了新事物，孩子就可能更容易选择逃避。

当孩子面比，孩子更容易自暴自弃

教养要减少比较及怀疑的态度，尤其当孩子很开心地跟你分享自己一直突破不了的学习终于有了进步时，爸妈却一副："真的吗？你考了 90 分？那这次考题一定很简单吧！"一旦时刻比较，孩子就会不想跟你分享，且破坏了孩子的学习动机。另一方面，爸妈怀疑孩子的努力，会降低孩子对爸妈的信任以及孩子自己的自信心。所以，当孩子有了一定的进步，家人理应要多鼓励，只要能培养孩子重视学习过程、独立解决问题的态度，孩子自然就会对自己产生信心，这样即使日后遭遇困难，孩子也会想办法面对困境、解决问题。

多一些成功经验能树立信心

知名的心理学家艾瑞克森（Erik H. Erikson），在其最著名的《心理社会发展理论八阶段》中提到，要使学龄期的孩子勤奋学习，必须培养他们面对课业与其他孩子的各项能力。这些能力若能让他们顺利完成课业或生活中的各项任务，且从中得到成就感，这些经验就会让孩子产生自信心，并愿意继续努力。反之，如果此阶段就不断剥夺他们自我练习的机会，一来会让孩子更依赖大人；二来会因缺乏依靠自我完成任务的经验，逐渐失去能力，日后会在生活中退缩，性格上也会比较自卑，行为上比较懒惰。

学习不会立竿见影

许多家长是用分数来评价孩子的学习状况的，却对他们是否从课业中得到能力、对学习有没有热情等显得不在乎。若发现孩子功课不好，不是怪他太懒、太笨，就是怪老师没协助指导，但这都无法解决问题，反而可能加剧情况的恶化。尤其，爸妈都希望学习能立竿见影，以为只要跟孩子说大道理之后，孩子就能进步神速，却忘了培养学习能力、养成良好的学习习惯都需要一步一步来。当孩子的课业有问题时，父母应该要试着找出原因，唯有了解原因，才能对症下药。给孩子提供适当的指导与协助，才能让孩子从无知到知、从不会到会，真正培养孩子的学习能力。

学习态度与习惯，远比分数更重要

到了中小学阶段，学业能力的强弱已经不单是呈现在成绩高低上了，学习态度与习惯的培养更重要。所谓好的学习态度与习惯应该包括：合理安排时间、为自己的作业负责、遇到困难懂得解决等，这些才是父母需协助孩子培养的能力。

教养的真相

用比较的方式刺激孩子进步，反而是摧毁孩子自信的无形杀手。

1-7 没有责任感的孩子：大人过度帮他是害他

不少妈妈的心声就是“孩子，你为何要妈妈吼很多遍才听得见！”你家也是这样吗?

1. 每天一回家就喊“快点！快点！”
2. 妈妈愈讲愈大声。
3. 每天都在重复吼同一件事情。
4. 妈妈生气了，孩子还在状况外。
5. 明明每天该做的事，就是要等到被骂才做。
6. 问孩子，他都知道要做，但为何就是不主动。
7. 再有耐心，每天也被唠叨到没耐心。

其实这中间最大的问题就是，父母习惯用吼的方式对孩子讲，孩子当然愈来愈“耳背”，愈来愈被动。以幼儿园老师为例，一次面对 20 ~ 30 个孩子，每天吼岂不早就失声了？那为何多数老师可以有效管理孩子，孩子一进教室就知道要整理书包、吃完点心会擦桌子、午休起床会折睡袋、收睡袋、玩完玩具会归位，重点就是——用对方法！

孩子愈大，父母愈不能用控制的方式教

我们的大脑里有一个快乐计量器——奖赏网络（reward network），遇到令人愉快的事，“奖赏网络”就会活化，遇到不愉快的事就会关闭。现代的神经科学家与神经经济学家证实，“奖赏网络”不仅在接受食物、饮水或其他生存必需品时会活化，在接受并非生存必需的次级奖赏（secondary reward）时也会产生反应。这个次级奖赏，包含了赞美、肯定、支持等管教的行为。

大脑的奖赏网络

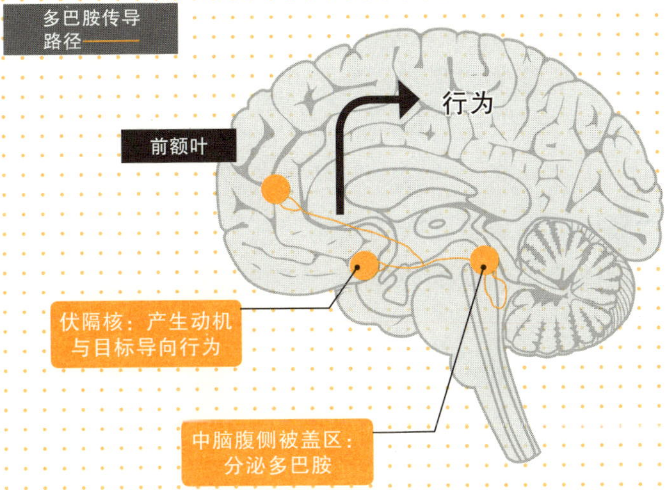

说明　多巴胺，脑内的神经传导物质，与记忆的形成有关，帮助人们记得正向和负向的经验，从而让人们产生动机去重现正向的愉快经验，避免负向的经验。

大脑会记忆愉快的行为

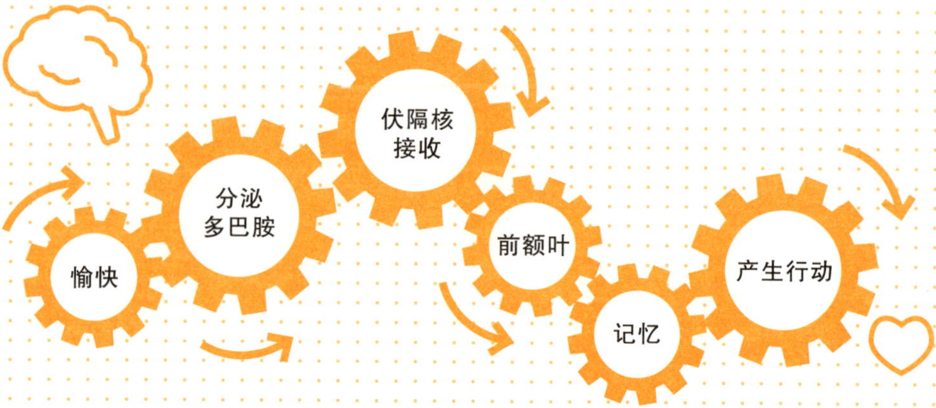

而在这个网络中，伏隔核（nucleus accumbens）扮演相当重要的角色，它是我们的“快乐中枢”（pleasure center），可以提供脑部必要的“学习动机”，使大脑产生想要的强烈冲动，让我们去取得自己喜欢、想要或需要的东西。而多巴胺（dopamine）是整个“奖赏网络”中重要的神经传导物质，由中脑腹侧被盖区（ventral tegmental area）分泌，它是正向的情绪物质，人要快乐，大脑中一定要有多巴胺，我们的快乐中心——伏隔核里都是多巴胺的受体。

当我们体验到愉快的感觉时，多巴胺就会分泌，伏隔核就会接收到许多的多巴胺，协助大脑设定目标：“我还要再得到这样愉快的感觉，所以我要去做……”，因此将信息传送至大脑的总指挥——前额叶，并把这样的记忆储存起来，等到下次需要这种愉快的感觉时，就能迅速知道该做什么事。而前额叶也会将信息传送至大脑动作区域，产生行动。

培养孩子责任感，要让他有负责任的愉快经验

你觉得你的吼叫会产生快乐体验吗？当然不，父母愈是吼叫，孩子的动机消失得愈快，想要化被动为主动，自然是更不可能。从脑科学角度来看是如此，从儿童心理来看更是如此。因此，当你愈想要叫孩子照着做，孩子的情绪反弹也就愈大。

每天孩子放学回家，你会说什么？去洗手，鞋子放好，袜子不要乱丢，不要开电视，作业拿出来……，你可能会讲很多很多，但孩子觉得“你讲那么多，我没有办法达到目标，超过了我的负荷”，于是就什么都不想做，也做不了。家长应该要给予合理的剂量，反问孩子，让孩子思考下一步应该做什么，而不是一直交代他。一个没有思考能力的孩子，他就没办法练就负责任的态度，也不会有责任感。下面这几个方法，也许对孩子来说有点难，却可以培养孩子的责任感。

鼓励孩子培养责任感，为自己负责

1. 让孩子自主选择，刺激思考
2. 让孩子学习承担自然后果
3. 少一点威逼利诱
4. 根据孩子的能力安排可以达成的任务
5. 鼓励并强化主动这件事

让孩子自主选择，刺激思考

可以用反问的方法，让孩子选择一回到家该做什么事，回家后的作息也可以让孩子自己计划，在合理的范围内，允许孩子自我安排，你会发现当孩子得到尊重后，做事的动机自然会提升。

让孩子学习承担自然后果

大脑的快乐中枢——伏隔核不仅会对奖赏产生动机，也会有避免惩罚的动机，因此让孩子面对事件的自然后果，有助于培养孩子的责任感。

少一点威逼利诱

培养责任感不宜用威逼利诱的方式，这样会让孩子养成做事是为了某个利益或逃避惩罚，而不是发自内心的自我认同。

根据孩子的能力安排可以达成的任务

例如幼儿园中班的孩子，一回家能不经提醒自己完成洗手、放好鞋子、放好书包、拿出餐具这些事，就值得鼓励了！

鼓励并强化主动这件事

这会让孩子更有自信，让孩子觉得“我是可以完成的”。有成就感，会让孩子更乐于主动。

安全捣蛋，让孩子在信任里自学

放手，相信孩子自己学得会

1. 孩子需要的是引导而不是控制
2. 得到信任才不会故意唱反调
3. 在安全底线里让孩子自由发展
4. 给孩子勇于冒险的机会

教养里有个秘密：孩子难控制是因为他知道你要控制他。很多家长都问：为什么让孩子往东，他却偏偏要往西，有时还会回头偷笑做些调皮捣蛋的事。仔细观察就会发现，这样表现的孩子几乎都是因为平日规矩太多，他才会一逮到机会就捣蛋。当然，捣蛋也不见得都是坏事，只要在安全范围内，请记得放手、放心地让孩子尽情地玩。

如果年纪小的孩子想玩笔，大人又怕笔戳到他眼睛，多数都会禁止，或者跟他拉扯抢笔，有时反而是在拉扯过程中让孩子受了伤。这时，只要换支较安全的笔给他，跟他说："这支笔比较能画出颜色哟！"**以引导的方式教育他，会比控制行为的教养来得更轻松有效**。

有些妈妈担心孩子做不好，处处急着想帮他完成。好比说刷牙，怕他刷不干净，干脆帮他刷。但当你想要控制着帮他刷牙时，就代表你并不信任他，尤其是正值叛逆期的两岁儿童，一定会非常生气。比较好的教养方式是信任他让他自己刷，虽然他可能刷得不够好，但仍需要你的信任，让他接触、慢慢学习掌控。**只要孩子懂得了你的信任，渐渐地，他就会听你的话，不会处处唱反调**。

教规矩却不处处控制，信任孩子让他在安全的范围内自由发展。家长可以守住自己的底线，不用十件事情有九件事都要掌握在自己手里，这样孩子是不会成长的。你必须放开那些没有立即危险的规矩，同时也要教他什么是危险的事，并且把他能做到的事说出来，给予鼓励。好比说，不能在马路上奔跑，这是一定要守的规矩，当有一天他做到了，就要当场给予赞美：“你今天都没有乱跑，好棒！”

孩子有种特质，愈危险的事情愈想要挑战，从另一方面来看，孩子想从危险中发展出创造力，如果家长不想让孩子涉足太危险的环境，那就要在平日多安排有挑战、有创意的游戏，让他们有勇于冒险的机会。

总之，教孩子不能只是唠叨，懂得放手，给他尽情玩耍的时间与空间，慢慢找出亲子间的弹性，累一阵子，总比累一辈子要好得多吧！

教养的真相

管控，教出被动的小孩；沟通，教出主动的小孩！

2 慢吞吞的真相

2-1 慢吞吞的孩子：“快一点”是无效语言

某次有位小学老师跟我分享：“班上前五名的孩子，都是平常很主动的孩子。”我听完心有戚戚焉，因为孩子的学习态度，很大程度上决定了他们的学习成绩，主动、能对自己的学习负责、有速度感的孩子，往往是团体中表现杰出的孩子。对于被动，而且总是需要催促的孩子，他们其实常对“快一点”感到麻痹，对该做的事很无感！爸爸妈妈们，我们要培养孩子“带得走”的主动学习能力。

孩子慢吞吞，有生理及心理因素

送孩子去学校时，经常看到换鞋区内，家长一直催孩子“快点，动作快一点！”进了教室，孩子不是慢吞吞去洗手，就是忘了把书包放在固定位置、忘记脱外套……不疾不徐的动作，父母看在眼里真会气到想开骂！可是，你有没有发现，即使骂过，隔天同样的情形仍会出现，这到底是孩子天生动作慢，还是需要有效引导呢？

每天都要做的事，孩子为何总是做不好？

视觉整合能力不好

穿鞋动作非常慢

鞋子在眼前，怎么也看不到

听觉整合能力不好

左耳进右耳出

交代 3 件事情，常常只听到 1 件事情

前庭平衡觉整合能力不好

警醒度很差

学习时无法集中，团体其他孩子已经进入下个步骤了，他还在神游

说明 大脑三大感官出问题。

动作慢 = 先天 + 后天问题

动作慢吞吞 → 先天 → 气质

\+

动作慢吞吞 → 后天 → 感觉刺激不足

→ 干扰孩子的日常表现 → 发呆、恍惚、慢吞吞、精神差、听不到

父母心里想着："为什么孩子每天动作都好慢，好像什么事都无所谓，真是皇帝不急急死太监！"这样的孩子有可能是感觉统合能力失调。感觉统合能力不好，会对学习及日常生活产生影响。

东西找不到的小孩

当孩子的视觉整合能力不好时，他们找东西或整理东西的能力就不好，也会影响到学习能力，一些需要用眼睛去学习、模仿的学科，都会受到影响，包括美术、劳动等，到了小学，写字能力自然受到影响，怎么会快得起来？

耳朵听不到的小孩

听觉整合能力不好的孩子，经常会左耳进右耳出，常常需要三催四请，有时候明明讲了三件事，最后却只听到一件事！这些孩子到了学龄前期，执行团体复杂指令时常常会感到力不从心，学龄后更会影响听写的能力，做事当然慢吞吞！

发呆恍惚的小孩

这类孩子的警醒度很差，好像总是没有清醒的时刻，无法融入周围环境是最大的问题。尤其容易有起床气，也经常发呆，专注力不足，学习时当然无法集中，甚至当团体其他孩子都已经进入下个步骤了，他还在自己的世界里，也难怪动作慢吞吞。他们的手眼协调能力差，会影响肢体大动作的发展，别说体育课，连排队可能都跟不上！

从临床的经验来看，如果孩子慢吞吞的行为持续很久，且什么调整教养的策略都没效果时，这就不只是单纯的学习动机问题，可能是感觉统合能力失调。简单说，就是大脑的感觉处理能力异常。对于这样的孩子，我有几点建议。

做对四招，孩子动作不再慢吞吞

写字慢吞吞

↓

先手部活动

↓

写字前，涂鸦或玩黏土，可唤醒手部的小肌肉群

吃饭慢吞吞

↓

先刺激口腔肌肉

↓

做一些活动口腔的游戏，如吹泡泡或吸果汁，再加上简单的口腔按摩，能帮助孩子吃饭

不专心慢吞吞

↓

先活动，让大脑清醒

↓

学习比较困难的科目前，先活动身体，如跳绳、跑步等，有提神醒脑作用

起床慢吞吞

↓

调整起床仪式，打开感官

↓

活动手脚或按摩、放音乐刺激听觉、打开窗帘刺激视觉，或用棉被紧紧包裹身体提供触觉刺激，都是好方法

教养的真相 → 孩子慢吞吞原因有很多，大人却只会说“快一点”。孩子听久了，都渐渐无感了……

2-2 常需提醒的孩子：有“习得性无助”

妈妈带孩子来评估，对孩子“被动”“该做的事觉得无关紧要”“要人家一直催”感到烦恼。其中，最令我印象深刻的是，有个被动的小男生跟我说：“反正我达不到老师要求的字体工整标准，也达不到妈妈要求的速度，我就是很烂，没什么好努力的！”

听了之后，真的替这个小男生感到担忧，小小年纪，就已经有“习得性无助（learned helplessness）”，甚至产生了绝望、抑郁及意志消沉的心态，真是太危险了！这可是许多儿童心理及行为偏差的根源呢！

父母可能不了解什么是习得性无助，也不知道如果教养方式错了，就会让孩子更无助、更被动！赶快来了解一下吧！

孩子被骂慢吞吞，会产生放弃心理

所谓“习得性无助”是指人或动物，在不断受到挫折后，会感到自己对一切都无能为力，进而丧失信心，陷入一种无助的心理状态。

1967年塞利格曼（Seligman）教授在研究动物时提出“习得性无助”一词，他以狗做了项经典实验。实验内容是，起初将狗关在笼子里，只要蜂音器一响，就给以难受的电击，狗关在笼子里逃避不了电击，多次实验后，只要蜂音器响起，在电击前，即使先将笼门打开，狗非但不逃，反而会先倒地呻吟和颤抖。本来有主动逃避的机会，狗却选择绝望地等待痛苦来临，这就是“习得性无助”。

只能选择放弃的习得性无助

说明 长期面对失败与挫折，会无法调适冲突及压力，改以逃避心态面对问题。

之后，很多实验也证明，这种习得性无助也会发生在人类身上。我从跟妈妈口中“被动、慢吞吞，做事丢三落四”的孩子的咨询互动中发现，这些到了小学还没有自律的孩子，多半都没什么自信，遇到困难很容易放弃、产生挫折感。我认为，某些因素，与孩子一天到晚被“念经”有关。

在教养过程中，多数父母会不经意地流于减分教养，也就是说，一开始先认定孩子的自律分数有90分，吃饭、睡觉、梳洗、收拾玩具及做好其他分内的事情，他都应该要做好。

但实际的教养现场就像战场，无法时时刻刻尽如人意，一旦孩子做不到时，父母一急，就想插手控制，这时不仅音量大、脸色难看，威胁恐吓的语言也都一并出现了！

如果偶尔为之还能接受，怕的是家里的自律战争，始终打不完，最后搞得全家人身心俱疲，孩子自信心没了，你也输得惨兮兮。

大人常把“做好”当作是应该的，而忘了鼓励

想帮孩子养成好习惯，如自动自发起床吃早餐而不赖床，当然能用奖励与惩罚两种方式，如果父母在教养上有很强的信念，认为这些是孩子本来就应该要做好的，那么，他得到的惩罚一定会多。

虽然我不是要父母在孩子的行为教养上，一直给糖吃，但自律确实很难，如果孩子已经突破自己，就别拉不下脸，该给的适当鼓励仍是必需的。

面对被动小孩，父母需要采用的 5 个方法

1	运用小道具，帮助孩子建立时间概念 →	计时器是建立时间概念的好伙伴
2	善用“休息”“再一次”等的时间切割法 →	中场休息，让孩子觉得目标不难
3	增强孩子信心，培养孩子自我肯定的态度 →	鼓励具体行为，让他知道大人有看见他的努力
4	当孩子挫败时，从经验分享的过程建立同理心 →	父母分享经验，孩子可以反思
5	设计“自动自发”时间计划表 →	让孩子主导，6 岁后练习监督自己

运用小道具，帮助孩子建立时间概念

孩子还小时，往往没有时间概念，例如，再过 5 分钟、10 分钟……到底是什么意思？导致每次跟妈妈说好后，又赖在那不走的情况反复出现。这时，你可以拿出计时器帮忙，具体提醒孩子时间的意义，久而久之，他自然就有了时间概念。

善用“休息”“再一次”等的时间切割法

很多孩子专注力不够，无论怎么努力都达不到标准，没多久就会直接放弃，导致连玩玩具、学才艺、做功课等，都只有3分钟热度，这时，建议父母采用“时间切割法”。假设回到家是下午4～5点，可视今天功课的多寡，帮孩子切割3～4个区块，中间隔5～10分钟的休息时间。让孩子觉得，其实做功课没那么烦人，也会更专心。孩子专注力增强后，再缩短休息时间或延长写作业的时间，帮助孩子完成目标。

培养孩子自我肯定的态度

如果孩子通过上述方式完成一件事之后，记得要适时、适当地给予具体鼓励，让孩子能感受到。所谓具体鼓励不是给零食、送玩具，也不只是说：“你很棒！都有做到！”而是告诉孩子：“你刚刚在1小时内写完3份作业，还会自己收玩具，妈妈觉得你很贴心，也很厉害呢！”这样的鼓励，会让孩子知道什么事是好的、对的，也知道你都有看到他的努力，孩子就会从中汲取正向经验，进而建立起肯定自我的信心。

当孩子挫败时，父母分享经验建立同理心

当孩子已经有了时间概念后，我们就要开始带着孩子学习自动、自发、自主规划时间。我相信中间一定会有过渡期，若孩子受到挫折，仍要适时加油打气；你可以分享自己时间规划的经验给孩子。例如，妈妈会做时间计划表，按照计划表执行，该做的事情就能如期完成，还能腾出时间休息呢！

带孩子“自动自发”计划时间

陪着孩子一起规划每天的时间，让孩子主导，这样，孩子可学习自主思考，什么时间该做哪些事情，你只要从旁协助给予建议就好。这样做，不但可以让孩子有自主权，也让孩子在一次次的计划制订中调整与修正，慢慢地，就会培养出自律的孩子。

5 岁前，也可以培养小孩自律

父母都想要孩子自动自发做事情，所以家里总是充斥着“我数到 3！”很多人都说培养孩子自律要等到小学才可以，我却认为，自律可以从 5 岁前的日常启动，以免大了以后叫不动。关于儿童发展的关键期，科学育儿派的我有以下见解。

从 6 个月开始，打造孩子的自律基础能力

6～7 个月	吃副食品时，孩子该有固定的用餐区域，或自己的餐桌餐椅
10 个月	可以开始教导孩子“自己收拾玩具”的内在概念
1 岁	孩子能逐渐配合穿衣穿鞋、穿尿布等自理能力
1 岁 2 个月	可以带着孩子一起收拾玩具
1 岁 6 个月	训练幼儿用餐规范、生活自理的关键期
2 岁	开始建立时间到了该起床、该出门、该上课等与行动有关的时间概念
2 岁半	给孩子一个专属小背包，让他管理自己的玩具或物品
3 岁以上	培养时间概念、自动自发、避免忘东忘西的关键期

教养的真相

孩子常常需要人提醒，要带他去计划每一步，而不是直接告诉他下一步。

2-3 拖到最后的孩子：没有时间概念怎么教

宣宣在看世界杯，正开心的时候，妈妈喊："宣宣，我不是跟你说过，回到家要先写功课吗？怎么又先开电视看？"宣宣不耐烦地说："好啦，等我看完上半场就去！"过了一会儿，妈妈继续说："叫你去做功课还不快去，你今天做功课要做到几点？快去写啦！老是讲不听。""哎呀，就差一点点了嘛！快结束了啦，看到球踢进去就去写作业，一会儿就好……"这时妈妈也气了起来："每天都再过一会儿，我今天只给你 10 分钟，超过 10 分钟，你试试看……"

10 分钟后，宣宣还在看电视，只见妈妈气急败坏地吼叫："10 分钟了，还在看？"结果宣宣就开始找借口"上次就可以看"。妈妈愈来愈生气，作势要打宣宣，宣宣才肯进房间做作业……

明明可以先做，为何要拖？4 种管理时间的方法

以下情境有没有很熟悉？每次叫孩子做什么，都只等到他说："等一下！"给他时间，最后还是拖着不做，搞得母子俩都生气。

学习管理时间，孩子才不会拖到最后一刻

方法 1	把时间主导权还给孩子
方法 2	明确作业完成后有自由时间
方法 3	一次只规定 3 件事
方法 4	视觉化计划表

方法 1：把时间主导权还给孩子

如果有像宣宣一样的孩子，所有妈妈应该都会生气：“为什么每次与孩子争执，孩子总会顶嘴说 10 分钟还没到呀！”实情是，孩子根本无法定义 10 分钟到底有多长，妈妈总以为孩子在耍赖，其实你们是在“鸡同鸭讲”。

这时候，就要把主导权还给孩子。遇到这种情况，我会说：“那你说说看，你还要几分钟？”让孩子自己去思考，几次之后，他就会了解 5 分钟、10 分钟到底是多长。假使，孩子随口说了一个天文数字又该怎么办？建议妈妈也可以用开玩笑的口吻帮他数数，如把 1 秒当作 100 或 1000；或者，使用定时器，时间一到自然知道。

最重要的是，让孩子从自己的嘴里说出时间，会比妈妈强制约定来得有效多了。

方法 2：明确作业完成后有自由时间

千万不要将孩子下课后的时间全部规定成他必须要做的事情，尤其是小学生妈妈，习惯在小孩放学回家后，把 6 ~ 10 点的时间安排满，包括做功课、练琴、收拾书包、洗澡、看书、睡觉等，完全没有留给他开心玩游戏的时间，这会让孩子的心理更不平衡。

最好的方式是，让他在做完指定功课后，有 30 分钟的自由游戏时间。例如，明确晚上 8 ~ 9 点，让他自由自在不用做任何事。这段时间不能要求他去刷牙、提早上床或收拾玩具等，要让他知道：妈妈说到做到。

父母要事先跟孩子约定好，明确让他知道自己有自由掌控的时间。记得要不断提醒孩子，这段时间之外的其他时间，就必须把该做的事情做好，如果没做好，玩乐的时间就会被压缩。如果已经约定好时间，但孩子某天作业多，就是写不完怎么办呢？这时千万不能说："你功课都写不完了，还玩什么手机？"只要轻声告诉他："是因为你自己做了……，占掉了时间，不是我。"这能帮助孩子做好简单计划，长大后就比较不会丢三落四。

方法 3：一次只规定 3 件事

很多家长为了让孩子动起来，会一件事一件事交代，好比说，要他一回家后赶快先做功课，然后吃饭、洗澡、练琴、看书等，但这样会让孩子无法做好计划，应该怎么做呢？通常我不喜欢一句话说得太长，太啰唆反而会让孩子不想听，也听不懂。

因此，我只会规定 3 件事，例如："8 点前，你要做好 3 件事，第一做功课，第二整理书包，第三给爸爸签通知单。"这 3 件事可以自己分配时间，但不要多给一件或两件，也不要只给一件，就"只要 3 件就好"。

另外，在告诉他的时候要看着他的眼睛，让他从电视或手机中回神，否则，如果是边看边玩边回话，那就等于白说了！这时，看着孩子跟他说清楚："如果你想要争取等一下多玩一会儿（或多看一点电视），现在先听我说。（你还要多久，我让你自己决定）。"

有妈妈会问，如果功课太多做不完，能不能先让孩子玩一段时间后再回去做功课？我不反对当孩子功课太多写不完时，让他休息一小段时间，再回去做功课，但不同意用这段时间看电视或玩手机。

的确，当孩子愈大，做功课的时间只会愈来愈长，超过 1 个半小时的时间比比皆是；但基本上孩子的专注力只有半小时，如果没有分段休息无法撑下去。若在休息时间是让他做会分心的看电视、玩手机之类的活动，反而会使他的专注力更不足，影响后续做功课，得不偿失。

方法 4：视觉化计划表

没有人天生想做个吼叫妈，只是教养的方式不对罢了。妈妈可以制作一个视觉计划表，让孩子从小学习训练，这个方式除了可让父母了解孩子时间规划的能力外，也能让孩子了解时间的逻辑性。但要记住，一定要给孩子游戏的时间，才能达到平衡。

视觉计划表，让孩子自己安排时间

回填下表的待办事项

吃饭	做功课	刷牙
洗澡	玩桌游	睡觉
练钢琴	读课外读物	听英文

	5～6点	6～7点	7～8点	8～9点
计划表				

教养的真相 当孩子对大人说“等一下”，一定要问他“等多久”。

上小学前，父母该训练孩子P、E、T 3 种能力

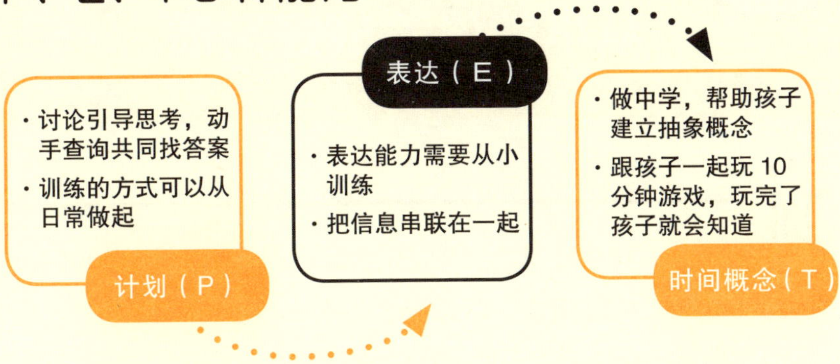

计划（P）：很多家长只担心孩子的知识不足，但孩子的计划能力其实更重要。计划能力，就是培养孩子学习自理，可以从日常开始训练。好比说，让他计划户外旅游的路线，包括旅途中该带些什么、该注意些什么等。只要及早启动讨论，孩子就会变得主动。父母能做的是先讨论，再引导思考，带孩子动手查资料，最后共同找答案。

表达（E）：孩子的表达能力是需要从小训练的，尤其是在幼小衔接的阶段，注意在日常中训练孩子这项能力。虽然年幼的孩子可能无法把事情全部描述清楚，父母要做的，就是一步步询问细节，让他思考过后表达得更清楚。

时间概念（T）：10 分钟到底有多久？即使是小学一二年级的孩子可能都只有抽象的概念，要如何训练？父母可以这样做，当他邀请你一起玩游戏时，给他设定一个时间，好比说 10 分钟："你有 10 分钟可以跟妈妈玩！10 分钟后妈妈就要去做其他事情了。"等到他发现原来 10 分钟那么短时，慢慢地就会学习到一些关于时间的概念了。

2-4 做事不主动都要人家提醒的孩子：从小就没养成好习惯

“我也不想整天吼小孩呀！但我不提醒，他们就不会主动做功课、收拾书包、看书找答案，搞得自己也很累……”我经常听到许多妈妈像这样唉声叹气，都觉得自己的小孩很被动，什么事情都要大人提醒，还整天怄气；长辈也常把妈妈当作挡箭牌，凡事都跟孩子说：“跟你妈妈说！”搞得亲子关系紧张！

研究：从小主动性高，日后学业成就高

很多研究都发现，自动自发的习惯对孩子未来的学习有极大的好处。如果能从孩子的内在动力诱发其兴趣与毅力，比较能强化孩子的专注力，而这些主动性高的孩子日后在学业上的表现，也会优于被动学习的人，并且能获得更多的学习乐趣。当孩子懂得自动自发时，家长也能省事许多，不必整日费尽心思地提升孩子的学习能力。

培养主动性，比提升成绩重要

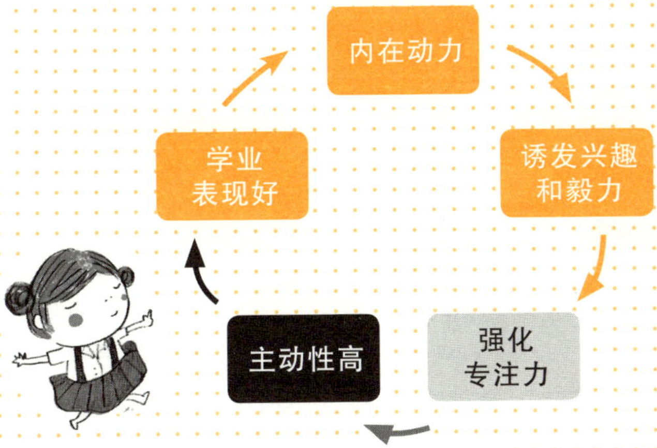

但孩子自动自发到底有多难？爸妈要帮孩子做多少才够？这其实有很深的学问。面对不同个性的孩子，有时你做得太多会怕他长大后成了“妈宝”；但做得太少，又担心孩子没有对象能模仿学习，很两难对吧！

其实我常说，你就是孩子最好的模仿对象，是他成长的一面镜子，每个孩子都需要被教导，需要大人的陪伴引导，但父母有时会为了追求时效及完美，忍不住帮孩子做了很多；所以，爱他就别阻碍可以让他自我学习的机会。

父母做得好好的，孩子会失去分辨优先顺序的能力

日本研究发现，3 岁以后，如果父母什么事都帮孩子做得好好的，不让孩子动手做家务，结果可能导致孩子分辨优先顺序的能力比别的孩子差。

学主动，五种能力优先训练

第 1 种	日常生活自理能力
第 2 种	社交技巧与分享能力
第 3 种	奠定游戏中的专注力
第 4 种	动态学习能力
第 5 种	语言表达能力

3 岁前，培养自信心的四个生活好习惯

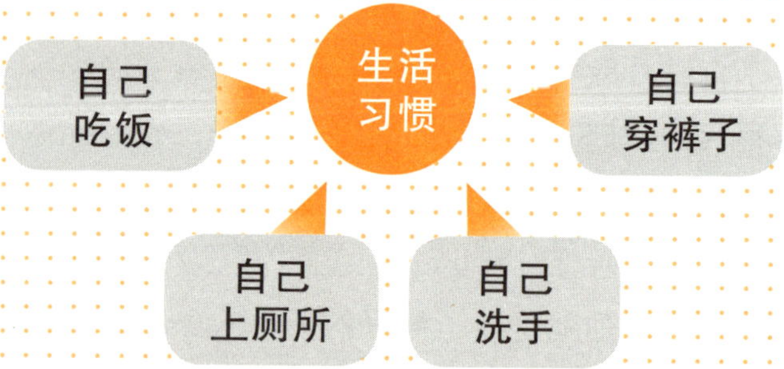

四种社交力，帮助孩子适应团体生活

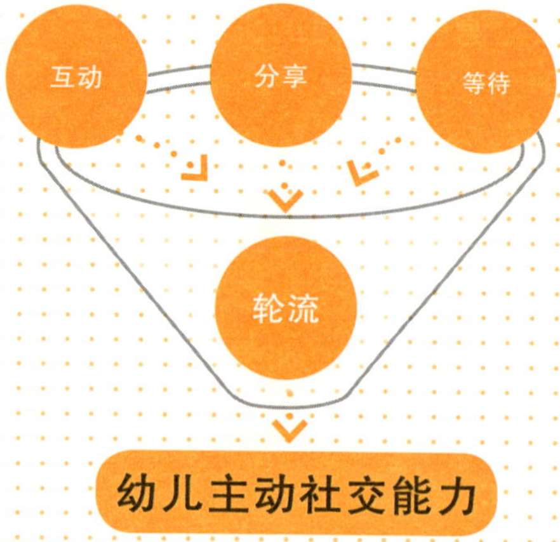

如果孩子对自己每天要做的事情，前后顺序都分不清楚，那么入学后，少了爸妈在身边时刻盯他、帮他，他就会不知道该如何安排自己的时间，这时要再让他自动自发，就变得相对困难许多了。

日常生活自理能力↑，主动↑

最好能在孩子 3 岁前，就逐渐放手训练他的饮食独立、如厕独立、盥洗独立等日常生活自理能力，提早养成这些好习惯，对增强孩子的自信心有很大帮助，孩子也能有更多的时间来处理接收新的学习内容。

社交技巧与分享能力↑，主动↑

如果可以，早一点帮孩子找玩伴，这样可以早点发展孩子的社交能力，也能早些练习与其他孩子互动、分享、等待、轮流等的技巧。建议你平常多带孩子从事社交活动，包括亲友聚会、亲子课程等，这能让他有观察你与朋友互动的机会，他就可以自然而然学习如何与周围人群互动，对他未来适应团体生活也能有帮助。

游戏的专注力↑，主动↑

很多孩子对玩玩具很没定性，也没耐心，虽然年幼的小孩本来就很难乖乖坐好玩游戏，但随着年龄的增加，如果仍然无法安静持续地玩游戏，日后到了大团体中，专注力会更差，变成团体中的游离者，需要老师费很大的力气才能拉回孩子的注意力。建议你，从两三岁起，就陆续利用一些静态的小游戏如捏黏土、拼图、积木、角色扮演、听故事等方式，来培养他的专注力。

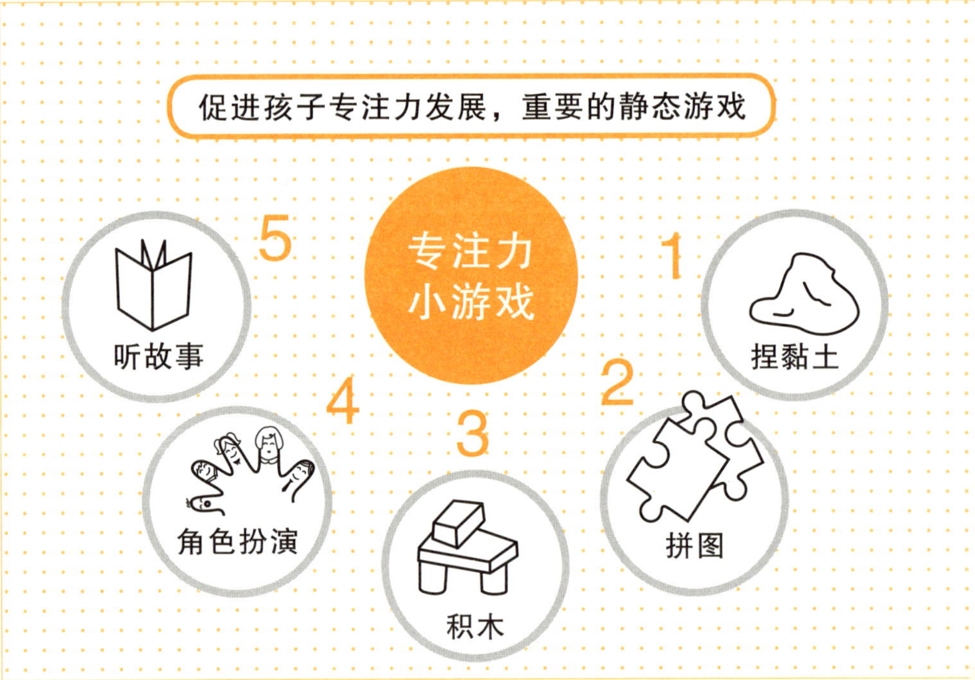

动态学习能力↑，主动↑

有些孩子在团体中总是很安静，很想参与却找不到窍门，只是默默地在旁边观察不说话，常令爸妈担心他们的社交能力。我发现，这类孩子，通常多是因为玩动态游戏的能力不够，好比玩球反应、平衡感、折返跑能力、肌耐力、姿势协调能力、感觉统合能力等，跟不上其他孩子，因此才选择不玩。建议你，平日多观察孩子的运动类型，如果要增加专注力，可多参与球类活动，因为在玩球过程中，一般都会包含跑步、耐力、平衡能力、视觉空间、速度及敏捷度等方面的训练，对于专注力的提升很有帮助。

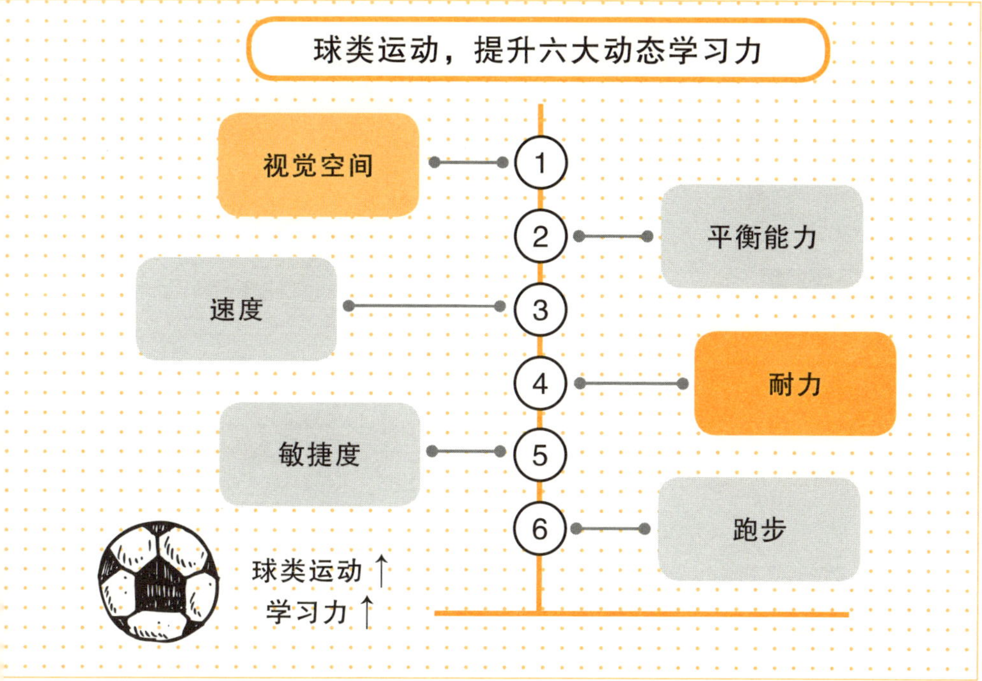

语言表达能力↑，主动↑

2 岁是孩子语言的爆发期，这时他们的表达与理解能力会快速提升，只不过，在学校与在家里，孩子需要的语言能力会有点不太一样。在学校我们需要孩子能有“主动式的社交语言”，而不是被动地仿说及叙事。所以平日当孩子有需求时，做父母的千万不要孩子一有表情或动作，就立刻回应。多多询问孩子“为什么”，让他有练习用语言表达情绪、感觉、想法等的机会，这能让他进入学校后生活得更加顺利。

多问“为什么”的开放式问句，增加主动表达的语言力

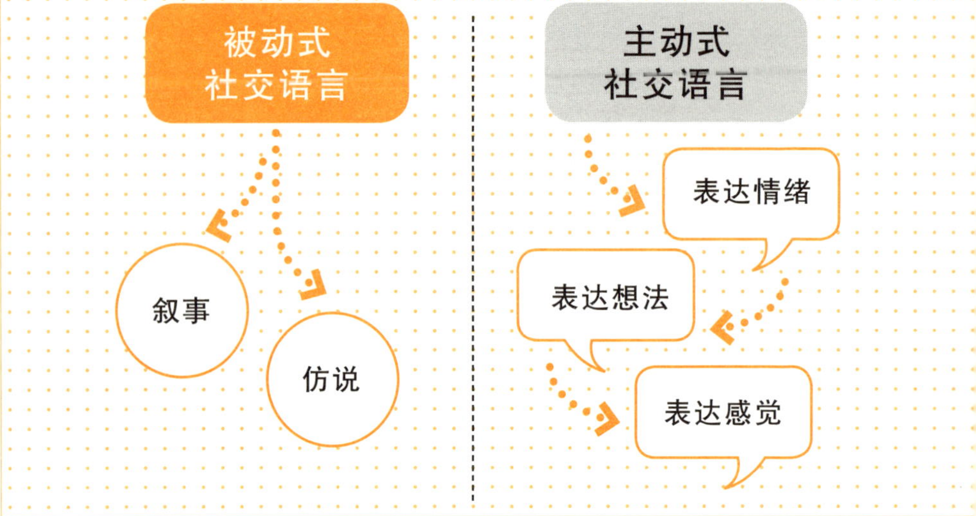

未来成功的关键，孩子最该学会的三种能力

思考

培养孩子解决问题的能力，不要单靠死记硬背

提问

经常给孩子问“为什么”的机会

表达

鼓励孩子多练习表达，多参加演讲、表演等活动

教养的真相 ↗ 有好的学习态度——主动、专注、思考，就会有好的学习成绩。

2-5 总是拖拉叫不动的孩子：小学中低年级是关键

“为什么孩子回家后都不会主动做事，感觉什么事情都要妈妈为他做好？”“为什么总是要提醒他做下一件事情，不然好像都不关他的事？”你是不是也有好多为什么？总觉得自己每天都回到原点？是一直重蹈覆辙的“原点妈”？如果孩子从幼儿园开始就每天拖拖拉拉，没有时间概念，上了小学以后，只会更严重！

小学一年级到四年级，是戒掉孩子拖拉的关键

上了小学后，老是拖拉的孩子在团体中会很吃亏，因为他会愈来愈没有成就感，也会没有自信，想想看，他每天都处于被骂、被催的情境中，怎么会开心呢？

而且，他的动作愈是拖拉，放学只会愈晚，回到家做功课速度又慢，当然不能好好睡觉，隔天一定爬不起来……这样恶性循环下去，学习动力就被慢慢消磨了。

其实，孩子在小学一年级之前直到小学三四年级，是戒掉孩子做事拖拉习惯最好的时间；甚至在学龄前也应该先养成好

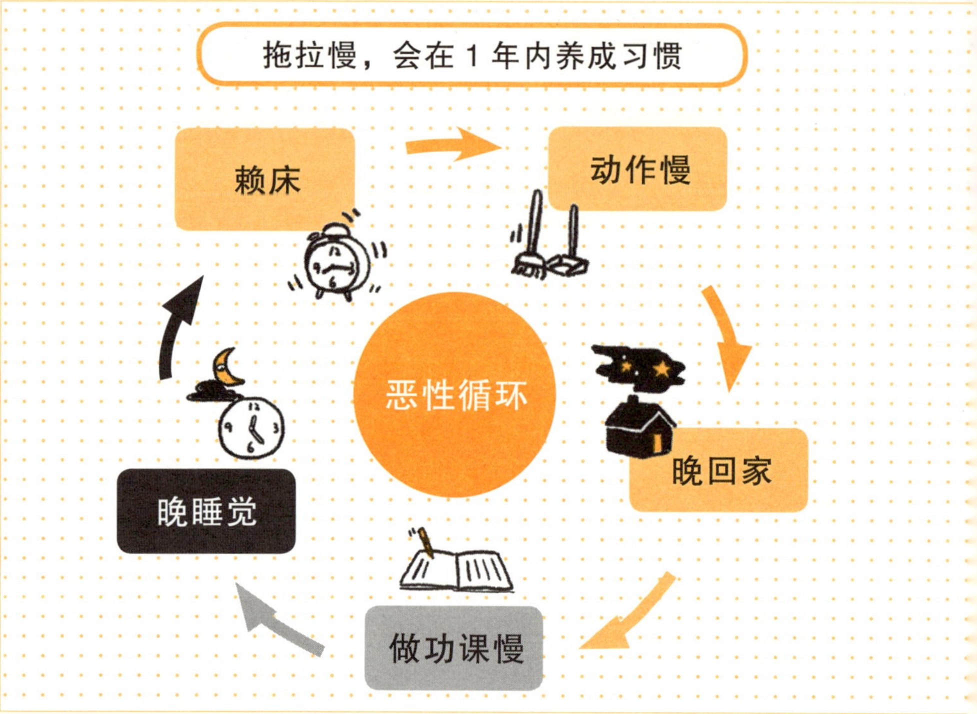

习惯，等到上小学后，才不会让人伤透脑筋。拖拉的孩子跟发展、气质没有关系，但是与父母教养的经验与技巧不足有关，而这是可以通过训练改善的。

对付拖拉，要训练孩子的 ATMP 能力

A——大脑警醒度

你想想，孩子在学校或托管班，已经做了很多功课，累了一整天，早就没有精神了，这时正是大脑警醒度低的时候，要

孩子拖拖拉拉，要训练他的 ATMP 能力

A	大脑警醒度
T	时间管理能力
M	学习动机
P	优先顺序规划力

强化大脑警醒度

1	做功课慢	咀嚼比较硬一点的食物，让大脑获得氧气，增加大脑连结
2	早上起床精神不济	吃芭乐，富含维生素 C、膳食纤维，可增进大脑供血

他做什么事情当然拖拉。就像现在很多小孩一早起床，先是无精打采地洗脸、刷牙，接着换衣服、吃早餐、再进教室。可别以为这些孩子到了学校后精神就会转好，很多时候即使是上到第二堂课，多数人都还是头脑昏昏沉沉的，无法集中精神，记忆力当然也好不到哪里去。

这时该如何训练？我建议在孩子回家要做功课前，先让他咀嚼比较硬一点的食物，来增加大脑的联结，这可以帮助孩子接下来在做功课或学新事物上更具专注力。原因是，啃食硬的食物，大脑的血流量增大，能增强大脑警醒度，大脑有氧气后，它就会苏醒过来。

如果孩子早上起床精神不济，就多准备需要咀嚼的早餐让他吃，在这些硬的食物中，最好的是芭乐，芭乐既硬，又有维生素C、膳食纤维等营养物质，孩子啃的时候可增加他大脑的血流量，何乐而不为呢？此外，进食酸性食物如柠檬水，或者运动一下如跳绳等，也可达到相同的效果。要记住，最不适合的点心是巧克力与面包，因为虽然吃完太甜的东西后觉得满足，但大脑张力却会在瞬间提升后下降，这样孩子就更没有精神听课了。

T——时间管理能力

小学一年级的孩子，可能还不明白你要求的10分钟内能做几件事，这需要经过练习，所以，一定要从幼儿园开始，就训练孩子的时间管理能力，包括可让他试着戴手表，教他计算时间。

训练时，你可以跟他说："听英文20分钟后就让你休息，如果不知道20分钟多长，只要看着手表指针到数字几就可以了。"或者也可以比喻，例如，"就是玩一场勇闯神秘岛桌游的时间"，等于把时间概念具体化，让孩子联想出20分钟到底有多长，不要让他以为20分钟的时间很长，感觉无法达到你的要求。

教孩子时间管理，还有一个重点就是分配时间。你可以问他，"你写完一页数学作业，需要多长时间？"有些孩子会骄傲地说："我5分钟就能写完一页。"这时不用急着反问他，等他写完后，再跟他说："你这页数学作业写了15分钟，好像不止5分钟呢！"这能教导他如何分配时间，而不是贪心地以

为短时间内就能做好很多事情，大部分的小学二、三年级学生，经过平常的练习后，时间管理能力就会越来越强。

M——学习动机

很多孩子好像做什么事情都没动机，凡事无所谓，他们真的是没有学习动机吗？其实有些时候，孩子是因为每天被骂、被唠叨、被吼叫，造成他们没有成就感，当他自认为没成就感、没动机、没目标，觉得怎么做都达不到大人的期望时，就什么事情都不想做了，只想玩。

成就感是可以训练的，至于要怎么做，建议可以利用奖励制度，但要跟他一起制订才行，这才会让他记住并珍惜。好比说，给他一些完全自由的时间，而且这段时间内你不能唠叨，除非跟安全有关，否则就别管他在玩什么。

奖励也是有技巧的，只要他的作为比昨天进步就好，千万别拿比较糟糕的速度来比较，否则他还是会放弃。再大一点的孩子，如果连续 3 天都能在 8 点前把功课完成就很棒了，这时，可以让他选择周六、周日游玩的地点当作奖励。

很重要的一点是，拖拉很严重的孩子，一定要放低标准，就像做功课时，不要一边写一边擦，让他一直重写，你要想想自己更希望孩子达到速度还是品质，别想要这两者一起达成，这是很难办到的。至于奖励制度会不会让孩子变得功利，我认为只要不是给物质奖励，而是花更多时间陪伴，就不会有问题。

P——优先顺序规划力

很多孩子不知道如何安排优先顺序，他到底应该先做功课还是先做家务、洗澡或吃饭，如何教他合理安排时间？

写作业，可以带着孩子一起规划顺序

你可以让孩子跟你一起排优先顺序，但这得是他自己能记住的顺序，所以不要直接下指导棋，让他自己来安排，你只要在旁给建议就好。记住，所有事情都要跟他讨论优先顺序，包括做功课也要有顺序，要先写困难的、还是简单的。我认为，孩子普遍都希望写简单的，这当然可以，先做简单的，可以让他获得成就感。另外，也应该先写喜欢的、需要动脑的，因为重复的功课会让注意力降低，如果本身专注力就不够，就会受到影响。而先写动脑的，则可以提升大脑警醒度。

教养的真相

面对叫不动的孩子，父母千万不要硬碰硬，他们有时是能力不足，父母要注意。

2-6 没自信动作慢吞吞的孩子：需要给予更多的鼓励

乔治正在玩手机，这时妈妈走过来，跟他说：“你该去拼拼图啦，上次吵着让我买的拼图，结果只玩一次就不玩了，要不要去玩玩看？”这时，乔治回妈妈说：“我拼得不好，我不会！”“你会的，上次我们已经玩过一次，你再试试看吧！”只见乔治顿时大声说：“我就说我不会，我不会嘛！”这时，你是不是会开始念叨：“你每次遇到事情都先说不会，真的很奇怪。”……

孩子说“我不会”，不是能力问题，是自信问题

你有没有发现，有些小孩3岁以后，就开始爱说“我不会、我不要”，这样的孩子，到了4岁，就会说出更多的“我不要”，等到五六岁开始学习新事物时，别怀疑，他一定会说更多的“我不想学、我不会”。这到底是怎么回事？

在教养的过程中，最令人担心的是，很多家长并没有收到孩子回馈给你的信号，或者，经常把鼓励变成压力或亲子冲突。

常说“我不会！”时，孩子心里这样想……

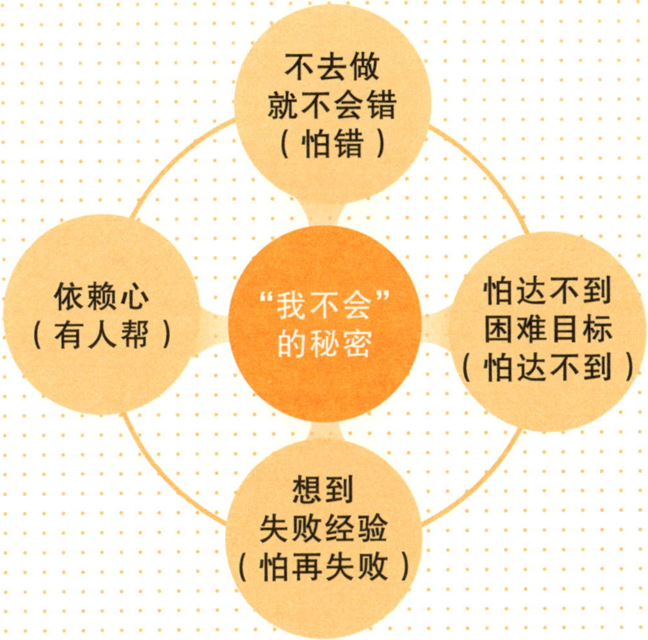

到底要如何回应孩子的“我不会”？难道只要说一句：“加油，宝贝，你一定可以！”或者“妈妈相信你”就过关了吗？这些话用久了，你就会发现，这对某些孩子或某些时候并不管用。

我试过，如果孩子说“我不会”时，只是想撒娇，想让你陪他，那么“加油！”这句话是起不了什么作用的。又或者，有些年龄稍大的、5岁以上的孩子，说这句“我不会”时，是在提醒你他觉得“这目标真的太远了，我是不可能达到的。”如果鼓励的内容，是孩子达不到的，那么，鼓励就没有效果。

孩子如果总是爱说“我不会”，就没办法启动后续的学习动机，只有让他卸下心房，才能有进步的空间，才能让他打开耳朵，完成沟通。但更重要的是，当他完成你的要求后，不要只是奖励结果，而是要多多奖励过程，这才是真正的奖励！

孩子常说“我不会”，父母的说话技巧

我也不太会，好像有点难

换位思考，要从孩子的角度看事情的难易度，说这句话的目的是要让他打开耳朵，不让他一直停在原地

我也不是一次就会

在孩子的世界里，我们就是答案。但如果他认为他学习的对象，竟然也不是一次就会，他就会比较放心，愿意去试试看

一起来研究看看

学习新的事物需要同伴，因此“一起来研究看看吧！”这句话会让孩子觉得跟我们是一组的

没人规定要全对

孩子常说“我不会”，是因为他把事情设定在 0 分与 100 分，因为重视结果所以一定要 100 分。“没人规定要全对”这句话说出来，可以破除孩子对 100 分的迷思

缺乏自信心，幼儿及儿童时期行为观察表

我发现很多小学生普遍都没有自信心，没自信心的孩子，在团体中的表现会是很没成就感、社交也不好的那一个。你一定想知道，到底是哪个环节出了问题，才会让孩子失去自信心的吧！

如何知道孩子没有自信？我整理了幼儿期（3 ~ 5 岁）、儿童期（5 岁以上）的不同表现。

3 ~ 5 岁这些小行为，是缺乏自信的表现

1	新的事物不敢勇于尝试	总是只玩或做比较有把握的事情
2	一点点挫折就哭或生气	小小挫折就玻璃心碎满地
3	不敢主动去找人玩	尤其是 4~6 岁的小朋友
4	说话很小声，不敢表达	只敢说给妈妈听，在家生龙活虎、在外面像小猫咪
5	用捣蛋的行为吸引大家注意	在团体中是小丑角色、喜欢捣蛋
6	逃避比较难的或需要思考的问题	只选择比较简单的去做
7	比较胆小，总是要大人帮	很依赖爸妈，不敢自己做决定

5 岁以上这些小行为，是缺乏自信的表现

1	负面思考，担心很多	事情总是先从负面思考，不敢向前踏出第一步
2	很怕做错，很怕说错话	怕做错、又怕说错话，所以干脆不做也不说
3	很被动，学习不主动	什么事情都要大人在后面督促，连做功课也一样
4	都在等人家给答案	即使知道答案，也不敢说出口
5	别人说一步，才会去做一步	总是要大人说好几遍后，才愿意做一些
6	怕输，怕自己不如人	很怕输给别人，但又不知道赢的方法
7	常说自己很差劲、很没用	经常可以从他口中说自己很差劲、很没用
8	自己不能做决定	凡事都要别人帮他做决定
9	没有主见，不爱表达	课堂上，不爱表达意见

父母 10 句话，增强孩子自信心

孩子“自信心”与“自我认同”的发展黄金期是在 5 岁，这个阶段父母一定要好好把握与孩子的沟通机会。要建立孩子

的自信心，我有一套很有用的亲子沟通技巧，身为父母的你，可以试着让孩子自己做决定，从旁给建议或选择，但不要一下就给答案，否则，他要么不接受，要么就是成功后也不觉得是自己的功劳。听起来很难吗？不要担心，学会下面的话术，对亲子间的沟通一定有帮助。

说对10句话，让孩子拥有自信心

1. 妈妈来陪你，看看一起做会不会成功
2. 我喜欢你的主动
3. 你自己决定吧
4. 先自己做，不会再来找我
5. 没有人在比赛
6. 你可以小声跟我说
7. 我知道你的感觉
8. 我会等你，你也要努力
9. 没有人永远都赢
10. 我也不会，但我想试试

三种失败教养话语，影响孩子的自信心

鼓励、安慰与赞美孩子是我们常做的事，听起来很容易，其实并不简单。我在这里列出三种失败版本，希望家长们能规避。

这些话会打击自信心，千万别对孩子说

鼓励	安慰	赞美
✕ 这不会很难	✕ 输了有什么关系	✕ 空洞的赞美，你好棒、你好厉害
如果不幸做了却有挫折感，孩子只会觉得你骗他！	别以为你的“没关系呀”会让他好过，其实他会觉得你不了解他	要赞美过程而不是赞美结果，一定要明确说出他哪里很棒，这样的赞美才不会显得空洞

教养的真相

批评孩子，要针对行为，不要针对品格；赞美孩子，要赞美过程，不要只赞美结果。

2-7 无法自律的孩子：不能管好自己事的真相

是不是总觉得孩子的生活安排老是乱糟糟的、没有秩序、没有计划、事情也做得零零落落，想帮他，又不知道从何下手？

用图像训练孩子学会管理时间

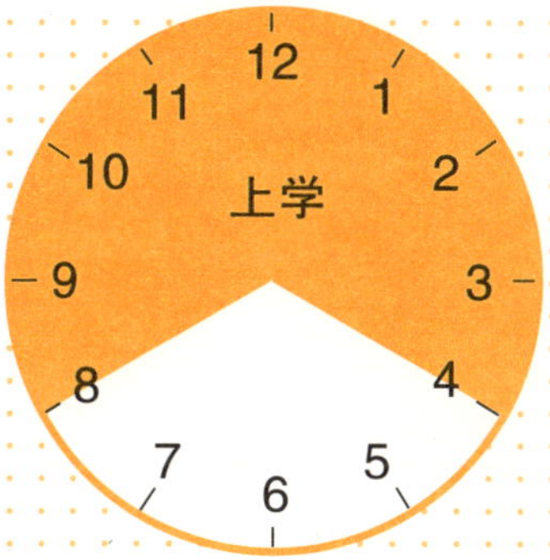

采用图像化的方法将孩子一天的时间做分配，做出来后，再依此训练孩子自己学会管理时间，化被动为主动。

自律是一件很重要的事，教育的目的，就是要让孩子学会独立、管好自己，并且要为自己负责，而不能靠父母时时刻刻盯着他、管着他。尤其，孩子是主动还是被动，会在一定程度上决定他未来的成就大小。不过，看到这里，相信你也会唉声

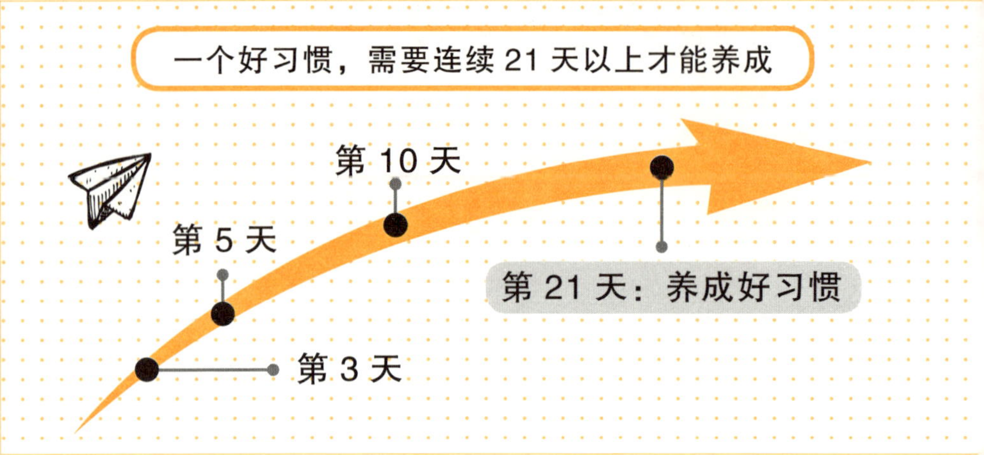

叹气地说："我也想呀！但要他自动自发，怎么那么难呢？"

有心理学家研究发现，学习一个坏习惯，只需要 3 天就可以了；但培养一个好习惯，需要反复练习 21 天，而且中间要持续、不间断才能达成。虽然不简单，但为了孩子的将来，21 天并不算太长，是吧！

从小训练的好处在于，可以让孩子明确知道目标在哪里，也能练习将实现目标与时间管理的能力结合，趁机提醒孩子记住订下的规矩，也可让亲子间有更多的互动，想想，何乐而不为呢？

改善教养，用图像训练孩子学会管理时间

步骤 1：与孩子制订每天的时间分配

与孩子一起制订出每天在家的时间，应该要做的事情，好比说，下午 4 ~ 5 点做功课、7 ~ 8 点要洗澡、10 点前要上床睡

四个步骤，改善孩子拖拉的坏习惯

步骤 1	与孩子制订每天的时间分配
步骤 2	制作目标贴纸
步骤 3	开始执行时间计划钟，教孩子分析
步骤 4	持续奖励孩子的主动

觉等。

等孩子完成任务时，就把相对应的目标贴纸贴上，记录自己做过的事情。

步骤 2：制作目标贴纸

跟孩子讨论所有的目标贴纸，让他选择自己喜欢的图形贴纸，这能加强他的动机。

步骤 3：开始执行时间计划钟，教孩子分析

每天上床前，先跟孩子讨论今天做到了哪些，有哪些是没有做到的或做得不好的。例如，今天主动说要去洗澡，很棒！但好像没有主动去做功课，这样，今天就有一格时间计划钟没完成，没关系，明天我们继续加油！

有些孩子可能没办法自己分析那些做到的事情是怎么做到的，或者为什么有的事情做不到，你可以用引导的方式，循序渐进带孩子回想他自己有进步的地方在哪里。

和孩子规划每天的时间计划钟

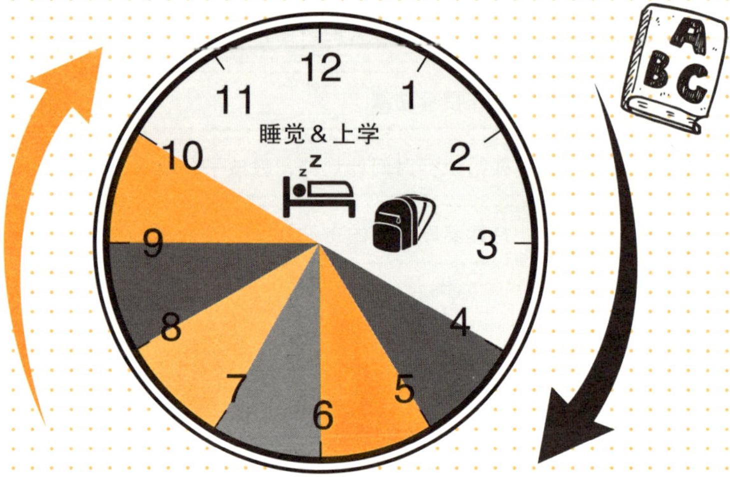

步骤 4：持续奖励孩子的主动

养成好习惯的周期是 21 天，如果孩子持续不断地达到要求、有明显进步时，你可以主动给孩子一些奖励措施，比如假日带他去他想去的地方、晚餐后吃点心、陪他玩喜欢的游戏等。接着，鼓励孩子，即使以后没有这张时间计划表，他自己也知道要做哪些事情。

教养的真相

学习一个坏习惯，只需要 3 天就可以了；但培养一个好习惯，需要反复练习 21 天，而且中间要持续、不间断才能达成。

3

不专心的真相

3-1 要大人叫很多遍的孩子：从小专注力就有问题

我们总觉得孩子常常故意又被动，且慢！这是你对孩子的生理及心理发展，了解得还不够，一定要学会分析孩子的学习状态，不然就会陷入无效管教之中。

听不到妈妈讲话!? 是“不专心”作祟

为何同样一句话，却要大人讲很多遍？	
原因 1（生理）	感官迟钝，左耳进、右耳出
原因 2（生理）	专注力差，大脑分工合作能力弱
原因 3（心理）	缺乏学习动机，没有兴趣
原因 4（心理）	觉得很烦，不想跟着做
原因 5（心理）	想挑战，叛逆是为了证明能独立

在前面的章节，我们讨论过影响学习力的因素有“动机”“时间概念”，接下来，我们要讨论的是另一个因素，也是家长最常问的——专注力！

在讨论之前，先来看看常见的亲子对话。

亲子剧场：无效的亲子对话

你们家是否也上演过同样的戏码呢？妈妈一催再催，孩子就是不动？我们来仔细分析一下刚刚这段亲子剧场的对话内容，孩子回到家后，妈妈总共交代了5件事。这5件事能全部通过耳朵传入大脑，已经不简单了，况且妈妈说话的同时，环境中还会有不少声音一起通过耳朵输入大脑；甚至包括眼睛看到的、鼻子闻到的、手和脚所碰触到的各种信息，都会一并进入大脑。孩子的大脑要能将其他不相干的信息排除掉，只处理妈妈说的话，需要具备多种信息处理能力。

接收指令，孩子的大脑需做多种处理

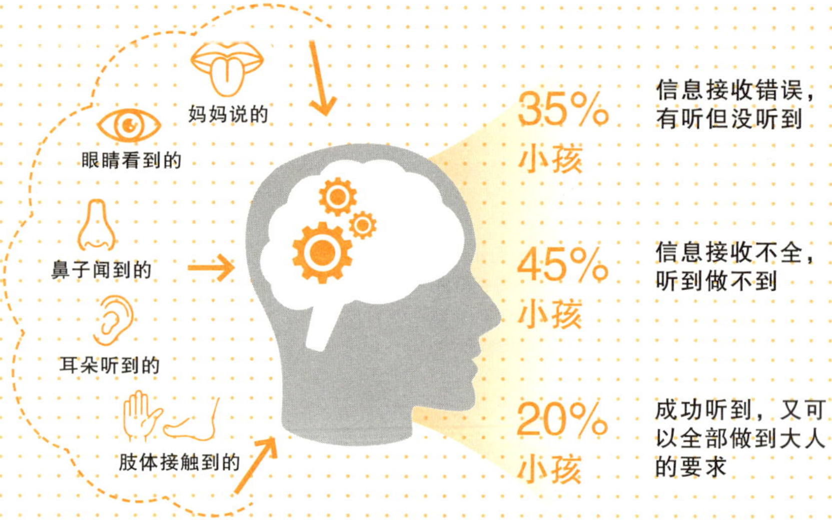

只有 1/5 的孩子，能专注听到，还可以把信息处理好

这种能力是天生的，但后天也能训练出来

大脑处理完这些信息后，便准备开始行动，行动过程中若大脑还要分神去处理其他信息，例如，洗手时发现“哇！妈妈帮我换了神奇宝贝牙刷！对了，我的神奇宝贝卡呢？……”然后魂可能就飘走了，妈妈交代的事情也都忘到九霄云外了，这意味着孩子的分心让他忘了原本该做的事。

再者，如果孩子看到神奇宝贝牙刷的同时，能够克制找神奇宝贝卡的冲动，边洗手脑袋边规划着："等一下要赶快换衣服、放书包、写作业，这样我就来得及看6点的神奇宝贝卡通了！"看看，妈妈简单的一句话，其实考验着孩子的专注力，一旦哪个环节出错，就可能卡壳，妈妈只好一直唠叨。

五大专注力，影响日常生活与学习

很多父母，带孩子来做评估时，主诉求都是"孩子不专心"。其实，专注力分为五大类，每个孩子的情况可能都不一样。只有了解了注意力五大家族里的成员特性，你才能分辨出孩子的注意力到底是哪里有问题。

不同种类的注意力出问题，产生的问题也会不同。例如，选择性注意力和转移性注意力不好，就会显著地影响阅读时的理解能力，而离散性注意力则会影响阅读的正确度。因此，处理孩子的注意力问题，应该要对症下药。又或者，孩子有离散性注意力问题，就不该只是用增加持续性注意力的方式训练，那当然看不到效果。

五大专注力

集中性注意力（focused attention）

- 能集中注意力到正在做的事情上
- 从出生开始发展，持续至青年期

持续性注意力（sustained attention）

- 能持续集中注意力的时间

选择性注意力（selective attention）

- 专注眼前的事物，不会被其他干扰分心。
- 从学步期开始发展直到 20 多岁，其中 2 ~ 7 岁是发展最快速的时期

转移性注意力（alternating attention）

- 不同活动中来回转换注意力，这表示注意力不但有选择性，也具有转移性
- 从婴儿时期（大约 4 个月左右）就开始发展，随着年纪增长愈来愈成熟

离散性注意力（distributed attention）

- 能同时注意两个或两个以上的事物，不受干扰
- 随着年龄增长而提高，学龄阶段发展会较为快速

不同年龄儿童专注时间大不同

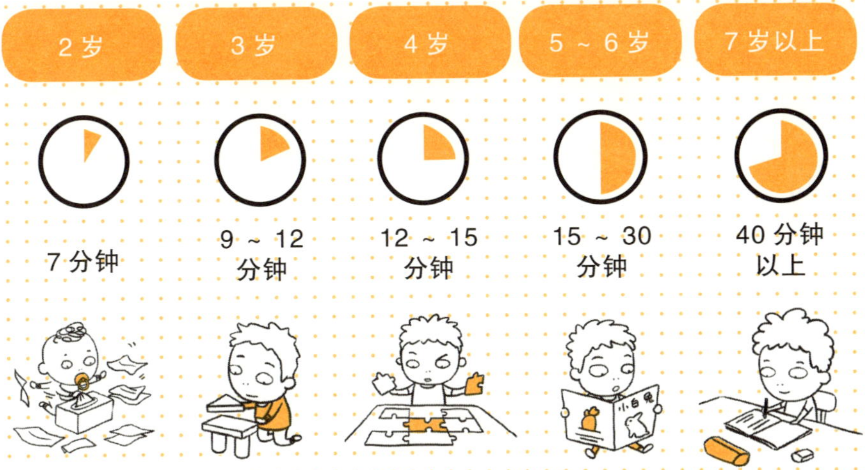

教养的真相 → 与其不断要求孩子坐下来从事静态活动，不如从小训练孩子的心智与大脑，提高他们的专注力！

3-2 3 分钟热度的孩子：为何孩子不能专心玩很久

经常会有家长问我，“老师，我的孩子每个玩具都玩一会儿就不玩了，只有 3 分钟热度”“老师，我的孩子很好动静不下来，整天爬上爬下”“老师，我的孩子带出去就像脱缰的野马，冲来冲去”，家长担心孩子是多动症，一问才知道，孩子可能才一两岁或两三岁，甚至不到 1 岁。

3 分钟热度的游戏行为，是正常的吗？

我曾经在地铁站，亲眼目睹一个不到 2 岁的孩子，被妈妈带去角落打手。听到妈妈边打边跟孩子说：“我是不是叫你不要乱跑？为什么一直在东摸西碰？跟你说在外面别人的东西不能摸，为什么都不听？”当时我深深觉得，父母如果不懂孩子的发展，只急着把行为教好，可能会用很多不对的方法引导孩子，反而增加亲子间的摩擦。

阿诺德·格塞尔（Arnold Lucius Gesell）博士是美国的心理学家和儿科医生，也是儿童发展研究领域的先驱。他和他的研究团队曾经做过一项研究：观察不同年纪的孩子，在游戏室中玩 7 分钟的表现。

游戏室里的玩具摆设

说明 接下来会以玩具旁边的数字来代表该玩具。

1 岁半孩子的游乐动线

1 岁半

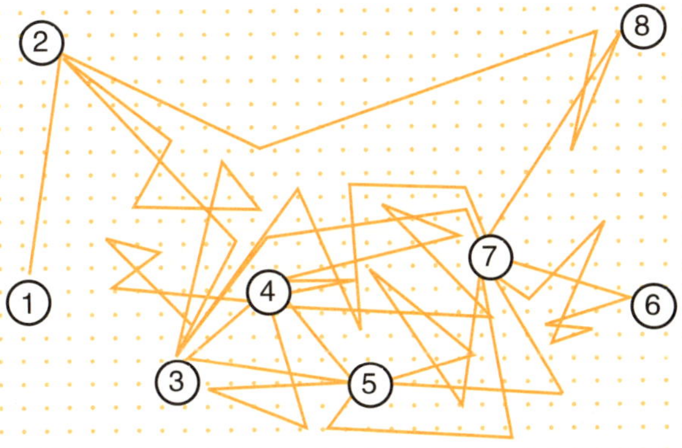

说明 1 岁半孩子，每个玩具都会来来回回地玩。短短 7 分钟，每个玩具都碰过了！

2 岁孩子的游乐动线

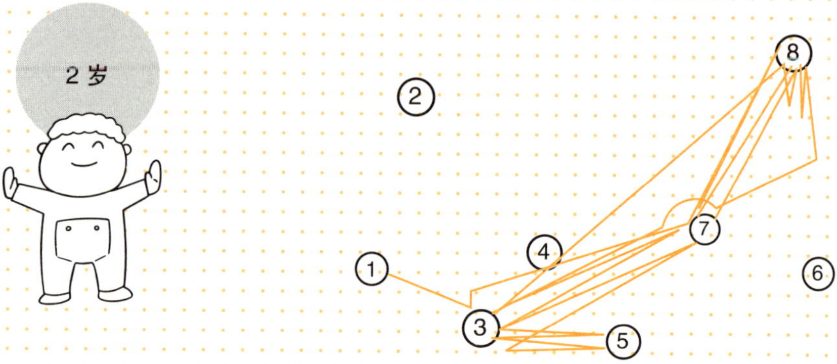

说明 2 岁孩子，行动前会思考一下，要不要去玩这个玩具，但还是有些冲动行事。可以发现孩子的动线是快到玩具那里时，又觉得不想要而折返。体能类的活动是他们的真爱，这个年龄的孩子活动量需求大。

2 岁半孩子的游乐动线

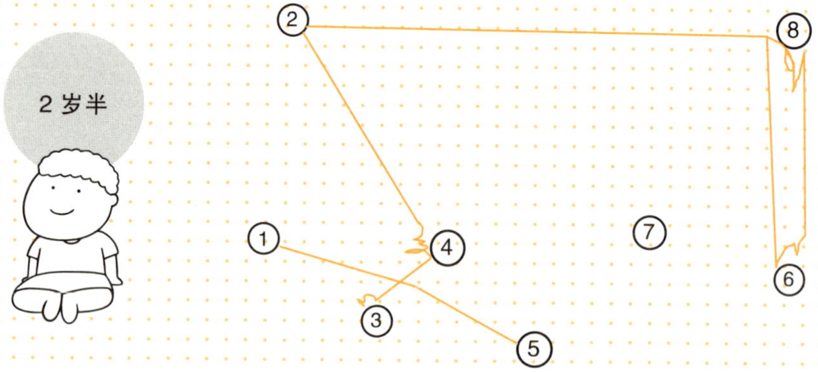

说明 2 岁半孩子的“刹车系统”更完善了，玩单一玩具的时间也拉长了。对玩具的特定玩法感到无趣，开始玩想象或角色扮演游戏，这代表着孩子的认知能力提高了。

3 岁孩子的游乐动线

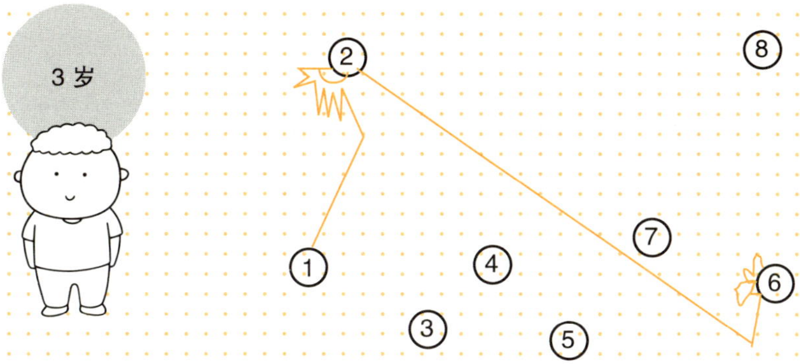

说明　3 岁的孩子，喜爱想象、创造，且乐此不疲。

4 岁孩子的游乐动线

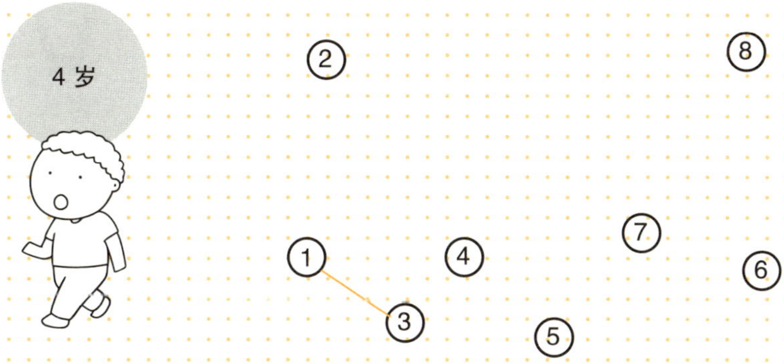

说明　4 岁孩子已具有不错的思考力与决策能力，也会开始偏向建构或有规则的游戏，可以持续玩特定玩具、设施。

孩子的注意力持续时间该有多久呢？

多大年纪该有多长的注意力，并没有一个相当精准的数值，有些国外学者会用年龄乘以 2 和乘以 5，当作该年龄的注意力时间的范围。以 5 岁的孩子为例，注意力可能要有 10 ~ 25 分钟。也有心理学家提出年龄加 2 为该年龄孩子平均持续性注意力时间，再以 5 岁孩子为例，就是 5 ~ 7 分钟的注意力时间。这之间差距很大，所以临床上，会**以孩子的活动表现判断注意力问题，而不是仅依照时间来定论。**

根据国内外的资料及我的临床经验，改良版的注意力持续时间，5 岁孩子玩游戏应该持续 15 ~ 30 分钟；而 7 岁以上的学童，保持 40 分钟的专注力，是很基本的标准。

教养的真相

避免 3 分钟热度：0 ~ 3 岁，要保持他的乐趣；4 ~ 6 岁，要让他做喜欢的事！

6 个月 ~ 12 岁的孩子，专注力培养要点

6 ~ 12个月	· 容易分心，喝个奶，旁边有人走动都会被影响 · 长度：大约 1 分钟
12 ~ 18个月	· 整天忙个不停，一点风吹草动就容易分心 · 长度：2 ~ 3 分钟
18 ~ 24个月	· 有动机即可延长专注力 · 当他发现没有诱因或不好玩时，就会立刻感到无聊
2 ~ 3岁	· 很爱探索，像脱缰野马，要帮助他们学习放慢速度、冷静及专注 · 长度：可以专注一个活动 15 分钟甚至更长
3 岁	· 从他有兴趣的活动开始培养专注力，环境尽量减少干扰源 · 独自从事一件有兴趣的活动，持续 6 ~ 8 分钟
4 岁	· 独自活动时，注意力可以持续 15 分钟左右 · 小团体一起活动时，也能持续专注 7 ~ 8 分钟 · 大人指派的活动（较没兴趣的），也都能有 4 ~ 5 分钟的专注力 · 对于没兴趣的活动很难专心，参与的动机也会明显下降
5 岁	· 对于很多小干扰已能忽略，小团体一起进行活动时，能保持 10 ~ 25 分钟的专注力 · 大人指派的活动，也能有 5 ~ 6 分钟的持续性注意力 · 专注力深受兴趣的影响，对较没兴趣的活动也开始学着保持专注
8 岁以上	· 孩子的注意力与大人没有显著的差异

3-3 很好动的孩子：到底是不是多动症儿童

"我看孩子班上的同学上课都很留意老师在说什么，我家小孩却经常左顾右盼，有时还会跑来跑去……""好奇怪，为什么孩子整天动个不停，玩具玩不到5分钟就要换，连吃饭也坐不住？"

很好动的孩子，
到底是不是多动症儿童？

你有没有上述困扰？是不是也曾经怀疑过，家里超级好动的调皮孩子是不是太多动了？上网搜寻，多半也是查到"男生比较皮、静不下来""年纪小的孩子，活动量本来就大！"等似是而非的回答。

到底有没有办法及早知道我的孩子是不是多动症儿童？不然，还真怕等到五六岁确诊时已经错过治疗的黄金期。

这几年，确实有许多小学一二年级的父母来找我求助，说自己的孩子在班上有严重的学习问题与社交冲突，甚至常被班上其他家长投诉，后来才发现原来孩子是多动症儿童。

注意力不集中，常见的行为特质

不容易专注于一个活动

很难专心或持续聆听一段时间

常常出现感到无聊的反应

常常听不到，指令总是要重复好几遍

就算有听见，但对指令或信息的处理整合能力仍欠缺

只有办法专注在特定感兴趣的玩具或活动上

好动不等于多动症，孩子坐立难安就是多动症倾向？

经常出现这些行为，可能是多动征兆！

身上总是像有虫一样，扭来扭去，烦躁、静不下来

很难持续坐下来一段时间，从事较静态的活动

不太喜欢休息，好像都不会累。即便坐着，也是静不下

停不下来，过度制造噪音

跳上跳下、冲来冲去，对危险的认识很低

活动量的需求比一般同龄的孩子大很多

在临床上常发现，有些注意缺陷多动症（ADHD）的孩子，在幼儿园阶段前，一直被当成调皮的表现，就这样错过早期治疗的黄金时期；等到上小学后，发现孩子学习不专心，被老师、同学，甚至同学家长贴标签，出现负向的情绪反弹，才发现情况愈来愈严重！

虽然说，大多数处于 2 ～ 3 岁的孩子，的确很难专心玩，但 ADHD 的孩子，行为表征仍然有些不一样。美国国家卫生研究院（NIH）曾指出，如果 2 ～ 3 岁的孩子就出现 ADHD 的特征，这种状况就可能从孩子幼儿时期一直影响到他的青少年时期甚至成人时期，如果能早期辨识注意缺陷多动症的症状，早期进行治疗，对未来的影响也就会较小。

ADHD 的三大核心症状就是“分心”“多动”“冲动”。 不过，由于孩子在 4 岁前，各方面的发展都很迅速，行为变化很快，因此很难将他们的行为具体描述列入 ADHD 的诊断标准（DSM-V）之中。

但还是有些地方可以帮助判断，比如说，即使孩子的注意力持续时间短暂、冲动、易发脾气、活动量大，那些没有 ADHD 危险因子的孩子，在适当的时候能够静下来听听故事或看看绘本，也可以坐得住，玩玩拼图或把玩具收拾好；相较之下，如果是有 ADHD 危险因子的孩子，就没办法专心或静下心来完成一件事，反而经常会表现出极端的行为。

容易冲动的孩子，会合并很多行为问题

孩子常有不能控制自己的行为，父母要提高警觉

和同伴一起游戏时，总是拒绝轮流等待

听别人讲话时显得不耐烦，常常没听完就直接先做了

别人说话时，老是忍不住插嘴

情绪容易爆发，而且来得很强烈

经常在不恰当的时间点，急着说出自己想说的话

经常没有事先询问，就直接闯入别人正在进行的游戏

虽然孩子还小时，会在没有经历过或不曾被教导的情况下出现一些过分的冲动行为，但如果已经教过好几次，且与同伴比起来，类似行为既频繁又严重，而且持续 6 个月以上，又同时在家里和学校出现时，妈妈就得小心留意他是否为 ADHD 的孩子。

当你怀疑孩子有 ADHD 的可能时，除了可以找儿童心理科诊断，也要寻求儿童发展的相关专业咨询或介入。放心，许多文献都显示，通过运动、行为等的早期介入，就能够有效改善 ADHD，当然，这还需要老师与家长的帮忙才行。

美国儿童和青少年精神医学会（AACAP）在 2007 年，以及美国儿科学会（AAP）在 2011 年都提出建议：对于学龄前的 ADHD 儿童，第一线处理一定是“老师”与“家长”的行为介入，等到 8 周岁完全无效后，才要考虑药物治疗。使用药物要经过非常谨慎的评估，而且，应该以训练的方式优先，教孩子自我控制行为，及分析自己的状态，这样才是最有效的治本方法。

空气污染、环境污染，会造成孩子多动症

不知道家长有没有发现，现在有 ADHD 症状的孩子比过去多，这是真的！近几年空气污染、环境污染严重影响孩子的脑部发育。2013 年纽曼（Newman）等人发表于《环境健康观点》（*Environmental Health Perspectives*）的研究指出，在出生的第一年接触较多交通及相关空气污染的婴儿，其 7 岁时有多动症的可能性也会比较高；又如，2017 年阿德斯 A（Adesman A）

等人的研究发现，瓶喂的宝宝比亲喂的宝宝更容易有 ADHD 的问题，比较时空背景后发现，原因可能出现在双酚 A 奶瓶。

这些研究显现了一个事实，环境污染与空气污染，甚至食物都令 ADHD 的孩子有增加的现象，并不是有些家长或长辈认

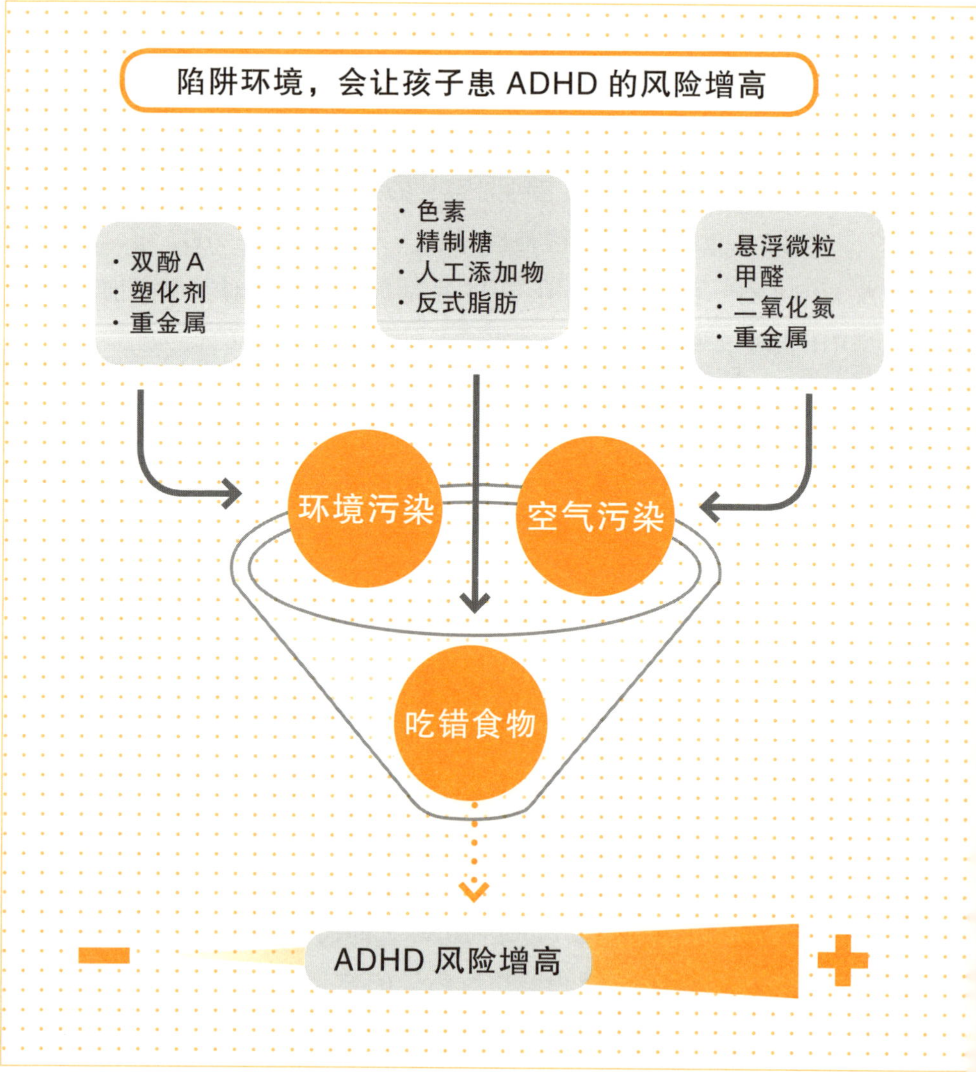

为的“孩子有问题，就是妈妈教不好……”或“一定是小时候太宠他，没有凶没有打，才会变成多动症儿童。”这都是不正确的观念。

多动症不是品行问题，治疗可以调整大脑功能

我常跟很多家长与老师厘清几件事。首先，多动症是一种症状，不是品行问题；再者，多动症是可以通过行为教育及治疗，降低孩子在团体中的行为问题；最后，多动症儿童对于周遭人如何看待他们，内心也是很敏感的。我们当然需要理解老师带这群孩子的辛苦；但是这群孩子的活动量高，坐不住又常分心甚至搞破坏，仔细想想，这难道是孩子所愿？我想也非教养者所愿吧！

相关研究认为，多动症儿童的大脑控制能力薄弱，造成其在冲动控制、学习记忆、语言社交、专注力甚至是行为出现问题，让孩子常常处于状况外。因此教导这样的孩子时需要更多耐心，若一味强势处理，只会造成孩子更大的反弹，产生其他学习问题。

记得多年前，我曾经治疗过一个多动症的小男生，在互动过程中，孩子竟然哭着向我求救，说大家都觉得他是坏孩子，可是他真的不是故意的，他可不可以不要去上学？

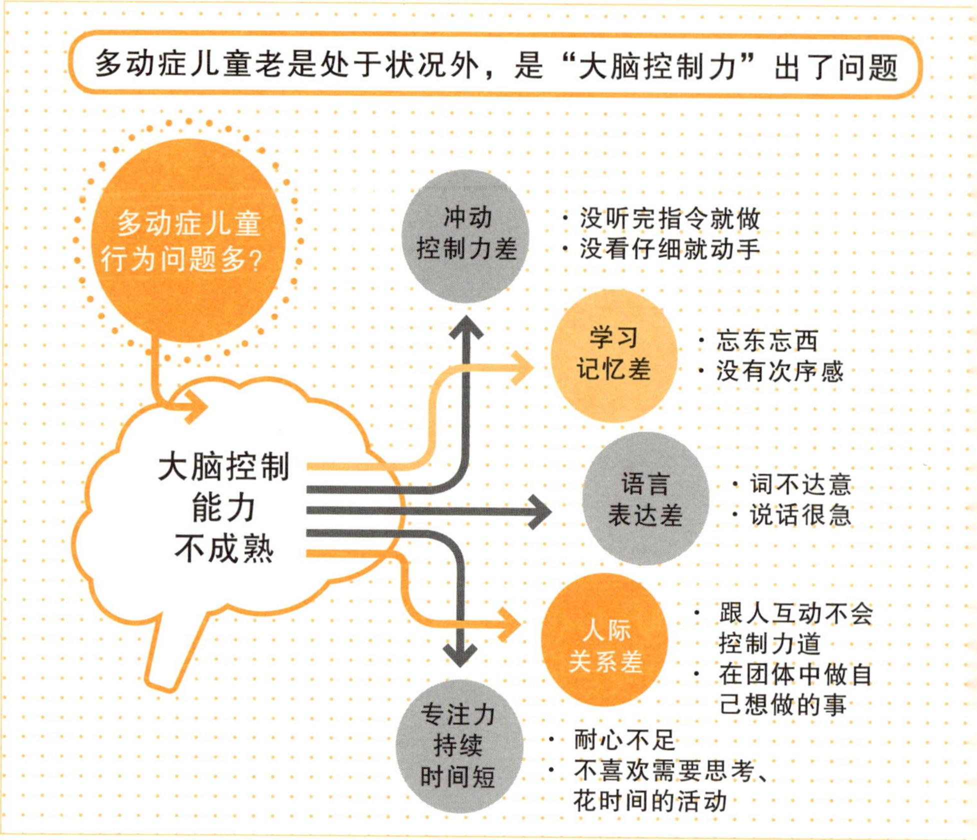

可见孩子在他的环境中遇到了多么大的挫折，有时甚至让他们放弃了学习！

我想解决之道，还是要让家长多学习一点教养的方法，以及让老师能更轻松地经营他们的班级，以下提出家庭篇与教室篇的多动症儿童的教养策略。

多动症儿童的家长教养攻略

1	保持冷静，不随孩子的情绪起伏
2	说得再多，不如直接做给他看
3	确定孩子有听到事先订好的规则
4	利用钟表或闹铃，提醒孩子时间快到了
5	赏罚分明，让孩子知道具体目标
6	针对孩子行为处罚，不批评人格，如坏孩子等
7	少吃甜食及油炸食物，甜果汁也减少
8	让孩子做功课前（或需要持续专心地学习前），先起身动一动
9	观察孩子的眼神，不专心了，就让他休息暂停
10	找出孩子学习的强项，并加以赞美
11	设定可以达得到的目标
12	每天 5 分钟，给予关怀语言

多动症儿童的教师教学攻略

1	使用简短明确的指令，请孩子重复，并记得跟他眼神对视
2	将孩子分组，激发孩子的荣誉心
3	使用集点制度，引导他记下好与不好的行为
4	有时让孩子设定自己的完成目标
5	提醒孩子，下课去讲话、去活动，上课要学会控制
6	处罚孩子可以采用“劳动服务”
7	引导孩子调整自己的动作和说话速度
8	观察孩子的优点，在班级其他同学面前公开赞美他
9	与人发生冲突时，对事不对人的处理方式
10	放学时，跟孩子分析今天好的行为，希望明天更好
11	放学时，跟孩子分析今天表现不好的地方，相信明天会改变
12	利用三明治话术鼓励：“你上次有做到，但这次又忘记了，虽然这次你被处罚了，我仍相信你下次会进步！”

孩子有多动症，
不能只用权威教！

教养多动症儿童，互动 3 守则

学龄前 ADHD 儿童第一线的处理方式是行为介入，父母行为介入的目标是要增强亲子间的正向关系，增加奖赏，减少负向惩罚。所以当孩子有类似症状时，千万不要只想更严厉地管教，这只会令孩子与你更对立，亲子关系更紧张，反而让自己的压力更大。一定要寻求专业建议，改变教养态度，利用行为策略改变孩子的症状才行。

教养的真相 → 孩子多动症的原因不是你教得不好！大人要找对方法来帮助他大脑成熟，这样，亲子关系才会更好！

3-4 作息及饮食不规律的孩子：患多动症的概率大增

“王老师，我儿子总是蹦蹦跳跳的，停不下来！好像永远精力旺盛，每天晚上都到很晚才睡……我很担心，他会不会是多动症儿童啊？”评估时，我常听到家长反映有些男孩每天都冲来冲去、电力永远放不完，即使带他出去活动也还是不累，孩子到底是活泼还是多动症？很多父母搞不懂。

作息不规律，
孩子患多动症的概率提高

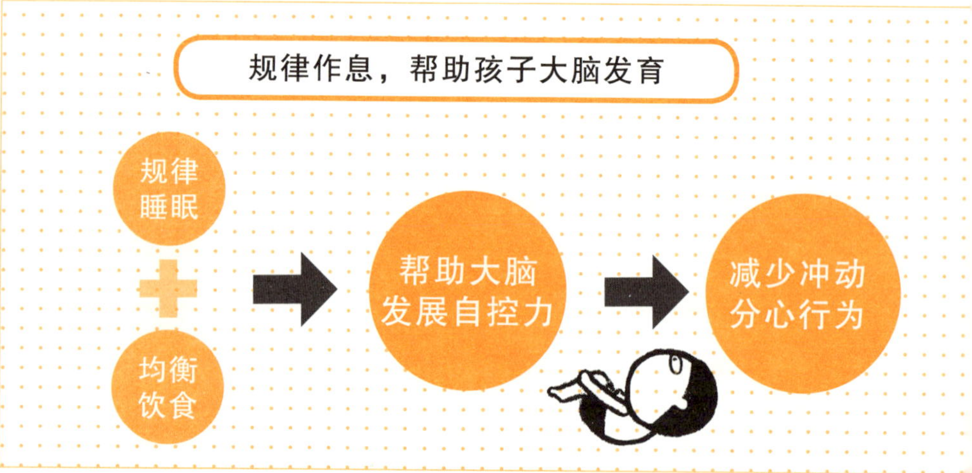

每个孩子气质不同，天生活动量也不一样，但如果没有从小就引导好动的小朋友建立规律性，日后发展成多动症的概率就大，还可能影响日后的“社会人际”“情绪管理”“专注力”“学习效率”等。

有研究发现，学龄前若孩子的睡眠不规律、饮食习惯没建立好，该吃饭的时候不吃、该睡觉时也不睡，这群孩子得多动症的概率，比有建立规律性作息与饮食的孩子高。我常看到许多大孩子静不下来的原因，是因为父母没有帮孩子从小建立起规律的作息。孩子若不睡就让他晚睡，早上又晚起跟着大人吃早午餐，作息当然紊乱。

据统计，多动症儿童比例为 5% ~ 8%，等于 30 人的班级里，会有 2 ~ 3 个孩子有多动症现象。大人常分不清楚孩子是多动症还是好动，觉得只要孩子不能专心、东摸西摸、课堂上走来走去，就是多动症。实际上却不是这样的，有些孩子虽然不能适应学校生活，但在家里或其他团体中，行为却很稳定，这类孩子通常是适应问题；而真正的多动症儿童，无论在学校、家里或其他团体中的表现都很相似，静不下来、控制力差、注意力不集中，可以明显发现其中的一致性。

错误的教养，加重孩子专注力及多动症问题

每一年的寒暑假过完，都是我最担心的时候，因为桌上会堆满许多要来评估“注意力不良”的孩子资料，有些是被老师

点名带来评估，有些是妈妈每天盯功课盯到发飙，而有些是每天看着糟糕的通知单，总是提心吊胆地面对学校的沟通事项。

教养中被忽略的小事，是影响孩子专注力的大事

忽略 1	规矩定得太严格，对孩子事事控制	→ 心境反弹而不想专心听
忽略 2	没有限量的甜食、饮料、巧克力	→ 注意力涣散
忽略 3	睡眠不规律或很晚睡	→ 记忆力下降，无法专心上课
忽略 4	过早接触电子产品或不控制电子产品使用时间	→ 在团体中专注力下降
忽略 5	过多的静态活动或补习	→ 活动量不足，变得容易躁动

过度控制的大人，会让孩子专注力下降

仔细想想，你都是怎么要求孩子收玩具的？你会把收玩具变成游戏，让孩子开心完成，还是劝导、命令，甚至强制呢？又或者当你花钱买了拼图，想好好培养孩子，结果孩子却把拼图拿来炒菜，你会怎么做呢？

2008 年刊登在《婴幼儿发展》（*Infant Child Development*）的研究发现，孩子游戏的时候，你愈多指导、愈多限制，愈会削减幼儿的专注力发展。比较好的方式是，孩子在游戏时，你

可以先观察、尊重他每一个“专注”的时刻，这也是培养孩子的专注力。

只有在孩子不知道怎么玩时，才需要大人给予一些想法引发孩子的兴趣，然后再逐渐退出观察。最重要的是，这中间的过程要愉快，研究也发现，孩子负向的情绪会影响其专注力，而妈妈的赞美却能正向影响孩子专注力的发展，因此大人的陪伴也要有技巧。

所以，上面的例子，看到孩子把拼图拿来炒菜，也许你可以再耐心些，观察一下，然后融入孩子的情境：“原来拼图可以拿来炒菜呀！你炒好了吗？等一下我们可以一起摆在盘子上哟！”

没有限量的零食，孩子容易注意力涣散

如果孩子平常有吃零食、喝饮料的习惯，就要注意了！甜食会让血糖起伏大、情绪不稳定，也会让孩子变得躁动。如果零食的成分多是精制糖，还含有色素，或者加了一些看不懂的食品添加物，更会让孩子注意力不集中，甚至可能还会诱发过敏。

巧克力也一样，市售的巧克力大多含有大量的糖，有些甚至还有色素。除了糖的问题，还有咖啡因，咖啡因也与孩子躁动不安有很大的关系，吃多了会累积在身体里，又因为代谢差，

造成孩子不专心的地雷食物

精制加工食物	糖果、蛋糕、冰淇淋、色素饼干
地雷饮料	含糖果汁、奶茶、红茶、可乐、汽水、巧克力饮品
油炸食物	炸鸡、薯条、洋芋片、泡面

糖和咖啡因，吃多了会伤害孩子的大脑和健康

含糖食物↑

让血糖起伏大、情绪不稳定，也会让孩子变得躁动

含咖啡因食物↑

巧克力含咖啡因，累积在体内，不易代谢，会使孩子产生易怒、躁动、失眠与心悸等问题

孩子会产生易怒、躁动、失眠与心悸等问题；原本肠胃差的孩子，严重的还可能有消化性溃疡的问题。

不要以为一天吃两颗糖没关系，其实哪怕一天两颗牛奶糖，已经过量了。最好不要在孩子下课时，用零食如饼干、糖果等当作点心，这可是最伤脑，也最伤健康的坏饮食习惯。

作息不规律，学龄后专注力很差

2007 年，加拿大公开的一项长期研究表明，3 岁半以下的孩子每晚应睡满 10 个小时，这样对幼儿的整体发展较好。更多的研究证实，睡太少或睡眠品质不佳，会造成孩子情绪失控、注意力下降、攻击行为增加、多动症倾向增多、焦虑不安、学习兴趣低落、记忆力减退和免疫力下降等。

睡眠不足对孩子的八大影响

睡眠时间不足
睡眠品质差
作息不规律

1. 情绪失控
2. 注意力下降
3. 攻击行为增加
4. 多动症倾向增多
5. 焦虑不安
6. 学习低落
7. 记忆力减退
8. 免疫力下降

2013 年英国大型前瞻性研究发现，孩子的睡眠也有关键期，3 岁时没有规律就寝时间的孩童，在 7 岁时认知表现分数低的比例较高，尤其女孩比男孩表现明显，这个研究观察的认知指标，包括了阅读能力、数学能力和空间技巧等。

2015 年日本更进一步去研究探讨，孩子在 2 岁时的睡觉和起床时间的规律性，与其 8 岁时专注力和破坏、干扰别人的行为，非常有关联。

这无疑是一项认同睡眠也有关键期的研究，大人不仅要关注孩子睡眠的时长和品质，更需要注意“早睡早起”以及“建立规律性”，规律性和我们生物体本身的生理时钟有相当大的关联，而且睡眠不足会影响大脑的可塑性。近年来，也有许多研究发现，有睡眠障碍的孩子，ADHD 的可能性也较高，而

2 岁时的睡觉时间与 8 岁时的专注力关联

2 岁		8 岁
· 晚上 11 点才睡 · 睡眠时间不规律	→	· 行为问题多 · 注意力问题高出普通孩子 1.62 倍，破坏或干扰他人行为高出普通孩子 1.81 倍
· 晚上 9 点入睡 · 睡眠时间规律	→	· 行为问题少

2 岁时的起床时间与 8 岁时的专注力关联

2 岁		8 岁
· 早上 9 点后起床 · 起床时间不规律	→	· 行为问题多 · 破坏或干扰他人行为高出普通孩子 1.52 倍
· 早上 7 点起床 · 起床时间规律	→	· 行为问题少

ADHD 的孩子，也普遍有睡眠需求少、不易入睡的问题。

过多或不控制电子产品接触时间，孩子团体社交能力差

过去有不少研究认为，电视、手机等多媒体会损害孩子的认知、语言、社交、情绪发展。例如，美国俄亥俄州州立大学娜莎森（Nathanson）教授等人在 2013 年及 2014 年的研究也证

实，过小开始接触电视等多媒体、一天看电视的时间累计较长、节目内容不佳等因素，都会影响学龄前孩子的执行功能（包括冲动控制、自我调节和变通能力）和心智解读能力。

执行功能，可以说是注意力的功能延伸与拓展；而心智解读，指的是了解他人想法与感受的能力，若欠缺，孩子表现出来就是比较自我、感觉搞不清楚状况，通常患自闭症、ADHD孩子，都有心智解读能力不足的问题，表现出来的行为也常被他人认为是不专心。

因此美国儿科医学会早在2011年就已建议2岁以下儿童不宜看电视等多媒体，而2～5岁，每日看电视的时间不宜超过1小时，除了节目内容应为高品质的之外，父母有没有陪伴观看也很重要。总之，不要让电子产品成为保姆，观赏节目的同时也要有良好的亲子互动，才能发挥教育节目的最大效益。

过多接触电子产品，伤害认知、语言、社交、情绪发展

冲动控制↓
自我情绪调节↓
举一反三能力↓

理解他人行为及企图的能力↓
感同身受能力↓
察言观色能力↓

太多静态活动，孩子反而躁动

为什么有些孩子总是坐不住、没办法专心呢？有时候跟孩子动得不够很有关系！有研究发现，**3 ~ 6 岁的孩子，每天至少要运动 1 个小时以上，否则会影响他日后的专注力发展。**

在 2015 年，曾有一组对照研究发现，学龄期的女生如果每天都能运动 70 ~ 300 分钟，比起没有每天运动的女生她们的数学成绩跟阅读成绩会高出许多。不但如此，也有些研究发现，增加身体的活动量可以让教学双赢，只要每天都有运动，学业成绩可提升 20%。

如果运动量不够，最常见的就是孩子容易发呆恍惚、注意

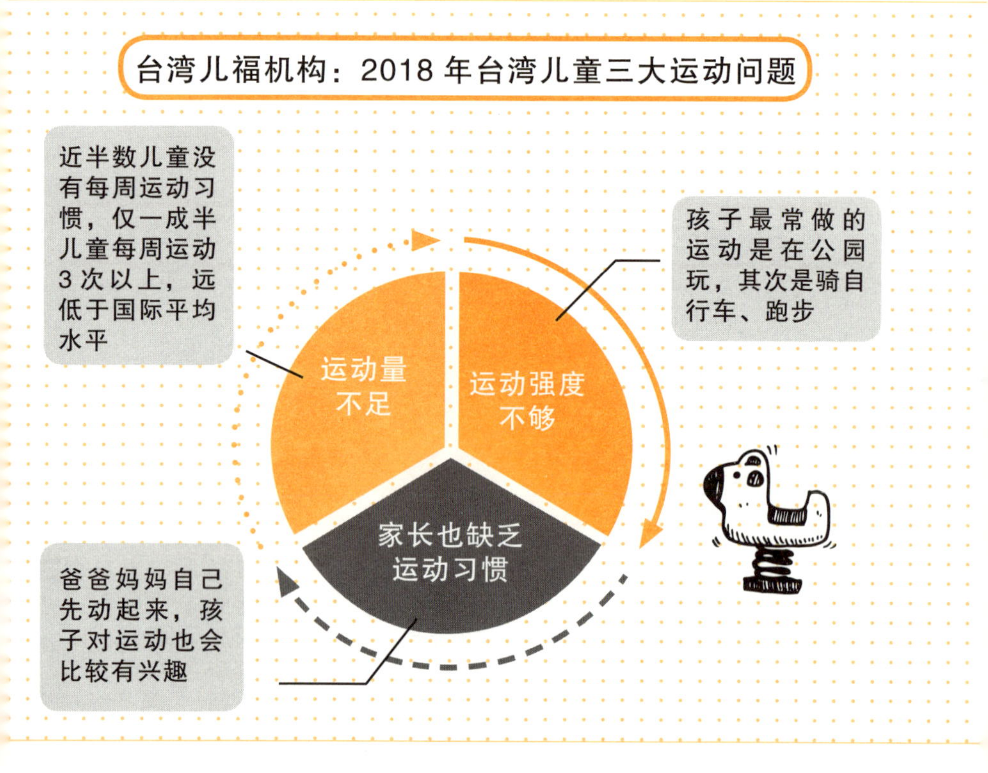

力不集中，“开机”时间很长，早上匆匆忙忙上学，等到孩子“开机”完成都已经快中午了，难怪学习效率不高。

当然还有另一类孩子，从小活动量就超大，爸妈觉得不管孩子怎样动，好像就是动不够、静不下来，所以很积极地带孩子学画画、学音乐、学棋艺等，结果经常适得其反，孩子还是坐不住，反而把富余的活动量，转为破坏或暴力行为。

其实这是因为动错了，当然静不下来，你可以仔细观察这类孩子的活动，大多是跑跑停停等暴冲型的活动。但研究发现，对于多动症儿童、专注力不足的孩子，该做的是持续性的中高强度活动，如果是架构严谨的活动（如体操、舞蹈、武术），或者是体力与脑力兼备的活动（乒乓球、足球、篮球等球类活动）会更好。

六招训练孩子的专注能力

1. 早自习前先让孩子动一动
2. 下课时间给予孩子充分运动的机会
3. 让孩子戴手表，使其更有时间观念
4. 给予孩子小老师的角色，让孩子建立正向的形象
5. 对作业量分段调整
6. 在书包上贴上检核表，避免回家时漏东漏西

教养的真相 → 动不够就会静不下来，压抑孩子活动，他会变得更好动。

3-5 面对不专心的孩子：父母必学 MAV 专注力训练法

不知道家长有没有发现，2～3岁的孩子玩游戏不是3分钟热度，就是这边碰一下那边摸一下，很难专心。有时候旁人会说："唉呀，孩子还小嘛！当然不懂，长大以后就会好了！"这话到底该不该信？

视觉、听觉、运动觉失调，造成孩子不专注

孩子不专心，父母从小要关心

1. 不专心吃饭
2. 不专心坐好
3. 不专心学习
4. 不专心听妈妈讲话
5. 不专心做功课

其实专注力是需要训练的，训练的时机甚至可以提早从两三岁就开始。有研究指出，3岁之前被发现专注力不好的孩子，

到了四五岁进入幼儿园时，与团体融合就会出现问题。也会陆续发生老师讲课他在神游、看课本写字时老是漏字漏行或跳行等状况。

所以，如果孩子从小就有“不专心吃饭”“不专心坐好”“不专心学习”“不专心听妈妈讲话”“不专心做功课”等情形时，爸妈必须更加注意。

孩子看世界的角度都是从好奇心出发，在他们的眼里，每件事情都很新鲜，所以喜欢这边碰碰，那边摸摸，但当遇到感兴趣的事，父母如果可以提早训练、正确引导，就算是两三岁的孩子，也能很专注。

专注力不足，常引发学习障碍

九点，教你观察孩子有没有专心学习

1. 同一件事要大人讲很多遍
2. 像毛毛虫一样动个不停
3. 常被老师反映要提醒他做事
4. 每个活动都持续不了几分钟
5. 容易发呆恍神
6. 没有耐心，不爱思考
7. 上课不专心
8. 做事情容易被不相关的其他事情吸引
9. 叫他好像都没有听到

从儿童发展理论来看，专注力与视觉、听觉、运动觉都有关系。我看过很多孩子，如果跟他一对一说话或给指令，无论是在家里或在学校，都没问题；但只要一踏进团体中，就会听不到、看不到老师的指令与教导，于是，学习上就常出现“东西找不到”“写字漏字漏行”“字不是少了一撇就是少了一捺”等的评语。

回到家，同样也不能乖乖坐着做功课，不能好好地静下来读书，或者每种游戏都只玩一半就不玩了……这些都是视觉专注力的问题。以最常用来训练专注力的拼图游戏为例，如果孩子的视觉专注力不好，对于需要用眼睛看、要花费比较多时间的拼图、积木等小游戏，可能就会玩不好，甚至根本不想尝试。

有些孩子的症状是这样的：说话好像都没在听，或者是常常不回应，不点头也不回答，必须要说好几遍后，他才说一句“听到了……”。别以为这是听力不好，这就是所谓的听觉专注力不良所造成的。

快速提升专注力，MAV 感官训练法

MAV 是什么？简单来说就是训练孩子的运动觉（motor）、听觉（auditory）、视觉（visual）。

运动觉专注力的训练，其实就隐藏在上面几个游戏当中，只要一直叠积木、找字母，就能达到很好的训练效果。想想看，只要每天玩 5 分钟，就能训练孩子的专注力，是不是一点都不难？

感官没打开，孩子无法有效学习

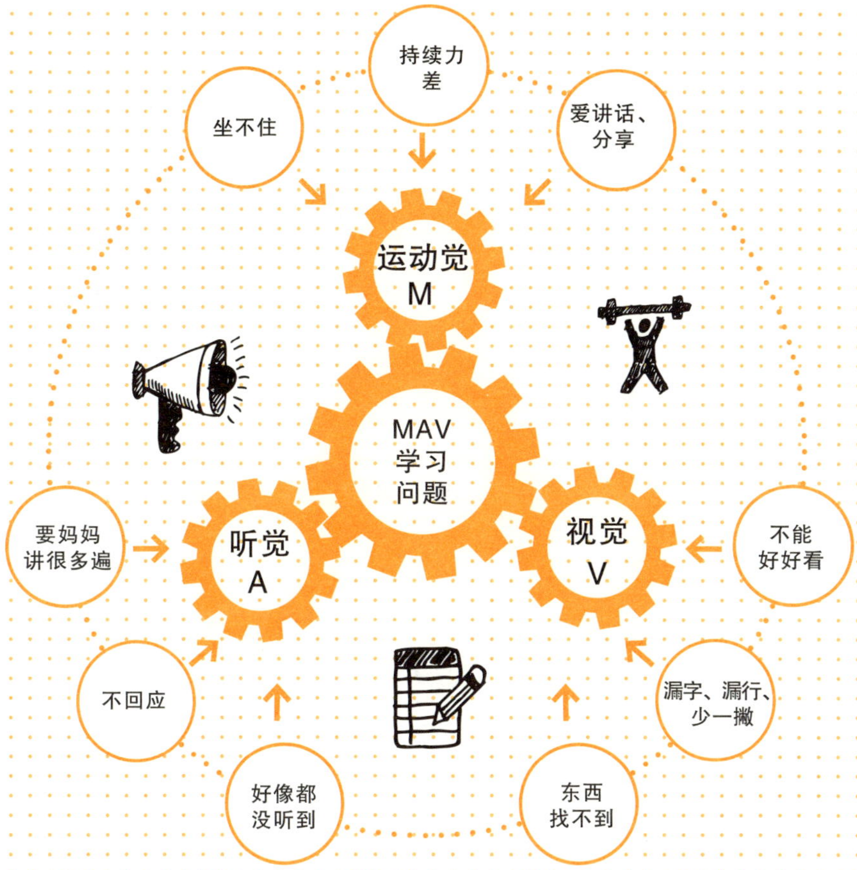

此外，运动觉跟运动也很有关系。有九成以上被认为是专注力不足的孩子，其实都是运动量不够，尤其生长在城市的孩子更是运动量不足。大量活动可以促进血液循环，只要能让孩子释放出四成的身体能量，大脑就能得到约 25% 的血流量，这对负责处理长期记忆的大脑皮层来说特别重要。

听觉训练就可以利用有颜色的积木来进行，比如，有黄色、绿色、橘色、蓝色与红色积木，妈妈让孩子听从指令，依次找出不同颜色的积木。有时候，孩子会在指令没结束前就急着找，这时可说：“你要忍住，我要考 3 个颜色。听好，听好才能开始。”先制订游戏规则，再下指令，就能训练孩子的听觉专注力。若是大孩子，可以把速度加快，或不断更换颜色指令。

培养孩子的视觉专注力时，家中常见的积木与扑克牌，是和孩子游戏、互动的好帮手。譬如，让孩子学着大人仿搭积木

M- 运动觉、A- 听觉、V- 视觉，专注力感官训练法

运动觉

- 快速堆高 9 块积木不倒
- 脚踢球绕三角锥及过 S 弯道
- 左右手交替拍球或双手拍 2 球前进

听觉

- 听一段 1 分钟小故事，让孩子记住并说出来

视觉

- 快速跟着叠一样的积木
- 让孩子记忆 4 ~ 6 张牌，反扣起来请他猜
- 模仿画抽象的几何图形

塔；又或是取出 4 ~ 6 张扑克牌，反扣在桌面上，让孩子记忆位置与猜扑克牌上的数字。除此之外，让孩子学习仿画抽象的几何图形，也能培养孩子仔细观察、辨识形状差异的能力。

教养的真相

学龄前的不专心不处理，小学后就会严重影响学习能力。

3-6 不按照规定做老在状况外的孩子：要因势利导

我常听到妈妈抱怨，小朋友每次玩拼图时，刚开始都很认真，但拼两三片后就开始没耐性了。总是把拼图全丢在桶里，有时假装炒菜，有时拿来乱丢。这时候大人通常都会忍不住下指导棋，直接说："不对啦！拼图不是这样玩的……妈妈教你……"

不按照玩法玩的小孩，
是不专心，还是有创意？

妈妈都希望孩子玩玩具时，能按照传统玩法来玩，甚至希望他能在玩下一个玩具前，先把前一个玩具收好。这很合理，只不过说这句话时，得更有技巧才行！否则，反而容易让他更不想玩，影响专注力。

不按规矩玩，孩子正在发挥创造力

你希望孩子按照游戏规则玩，但他多半不会理你的，就像拼图游戏，妈妈想借此训练孩子的专注力，却发现他只有 3 分钟热度，这时就开始担心"是不是因为不专心啊！"然后又强

学习密码：不按规定玩，背后隐藏的三大主因

原因 1

· 正在创造玩具新玩法

原因 2

· 觉得自己的发明比较有趣

原因 3

· 不想玩限制很多的活动，这会让他的持续性专注力变差

迫他继续玩，但这样会让他更排斥拼图。

其实换个角度想，孩子利用拼图来玩过家家游戏，也表示他很有创造力，你应该要高兴才对。如果原本就没心思继续玩下去，却因为他有了不同的玩法而责备他，到最后只会两败俱伤，一来父母生气，二来孩子也不玩了，甚至大哭。

我常说，在陪孩子互动的过程中，如果限制太多，对他专注力的培养更加不利。所以，当你希望孩子继续玩下去时，可以换个方式：先陪他玩炒菜，接着再引导他将拼图放到正确位置，好比说："它（拼图）好想回家，它家在哪儿呢？"就可直接放在拼图位置上了。

有时候，孩子会因为过度兴奋，很暴力地乱丢，乱发脾气，甚至乱推人，这时就需要暂停游戏。你可以说："宝贝，你这样它（拼图）很不舒服，它好想回家呀！"

当孩子不按规定玩时，大人要让活动变有趣

大人们经常忙着处理孩子表面的不专心，却往往忽略探究他想说的是什么，眼里看到的又是什么。有时只要解决他迫切的难处，就有办法引导他达到你想要的目的。

偶尔用其他玩法吸引孩子继续玩，再用引导方式慢慢将孩子拉到正确的玩法上，这样，就有办法让他变得很专心。千万不要给太多限制，否则只会局限孩子的创造力。有时候，也可以让爸爸陪玩，训练孩子控制冲动的能力。例如，在玩游戏时，可以说：“我们来比赛谁更能控制自己的力气，不会让积木塔倒。”

引导不是限制，需采用改良式对话

场景：孩子玩车没多久，又想玩积木

传统教养对话	不把车收好，就不要玩积木！	威胁口吻，3岁以下的孩子哭闹不休
改良式教养话术	你想玩积木吗？但车挡在前面，这样积木船开不过去，不然我们先让车回箱子的家去	把车收起来，因为接下来的积木更好玩

限制愈多的活动，幼儿持续性专注力愈差

对于玩玩具的方式，我一直有个原则：要玩只玩一个，桌上不能堆满玩具，否则孩子更容易分心。

有些小孩玩车没多久，又想玩积木，父母就会说：“如果不把车收好，就不要玩积木！”但这种威胁语气，会让3岁以下的孩子哭闹不休；而稍微大一点的孩子又会耍脾气，心想不玩就不玩。这时就需要采用引导的方式，太多规范或限制的口吻，只会硬碰硬。

下次遇到这种情况时，你只要拐个弯说：“你想玩积木吗？但车挡在前面，这样积木船开不过去，不然我们先让车回箱子的家去。”言外之意是，妈妈让你把车收起来，是因为接下来的积木更好玩。

用对方法，小孩分心也能教

孩子在学校不专心的 4 种解方

1	团体活动中常分心	→ 多玩团体式桌游
2	老师说话有听到没有做到	→ 听觉专注力小游戏
3	持续性专注力差	→ 分段练习，并给鼓励
4	活在自己的世界	→ 多提供孩子表达自己意见的机会

每年新生入学期，都有父母问我：“为什么我的孩子看卡通时像‘小聋女’，玩喜欢的玩具也可以玩很久，但上课时，老师明明下了指令，全班九成同学都已经有动作了，只有她还沉浸在自己的世界？”在台湾有将近60%的小学生都有专注力不足的困扰。

在团体活动中常分心

有些孩子在一对一的互动中可以很专心，但在团体活动中却不断被老师反映容易分心。面对这类的孩子，可以带他玩同时需要好几个人一起玩的家庭式桌游。挑选桌游的类型时，必须是可以训练他的轮流、等待与分享能力的游戏，这种游戏也能让孩子产生竞赛的动机，吸引他的注意力，也能借此训练他的专注力。

大人的话常被当耳边风

这群孩子通常会有听觉专注力不好的情况。可以多陪他玩一些可以训练听觉专注力的小游戏，比如，自己先念一串数字（或水果名称），接着让他念一遍；或者可用拍手的方式，来观察他的节奏与正确性。小一点的孩子，可唱他喜欢的童谣，让他接着唱；大一点的孩子也能玩，让他把数字或水果名称倒着念。

持续性专注力很差

持续性专注力不好的孩子，往往被反映没办法上完一整段课程。其实孩子本身也会很受挫，这时候更需要爸妈的鼓励。例如，功课比昨天多，孩子在规定时间内未完成时，千万别说："怎么又没写完？快去写！"应该要说："妈妈觉得很好，你已经比昨天多写了 5 分钟（或多写一页）了，先休息，明天我们继续努力。"

活在自己的世界

喜欢活在自己世界的孩子，好像别人做的事情都与他无关，因为孩子自己有主见，就不喜欢听别人的，这也是旁人认为他专注力不够的主因。这时，可用互动的游戏来解决，如果孩子喜欢听故事，念完之后，可以停顿一下，问他听到了什么，让他说给你听。

总之，只要站在孩子的立场，用对的方式陪伴、教育他们，都能够达到培养专注力的目的，如果上述方法都无效，孩子仍然冲动、活动量大、专注力不足时，就要合理怀疑是不是有多动症倾向，须找专业人士咨询。

孩子玩玩具只有 3 分钟热度，你要这样做

1. 用引导方式，不要太在意原则
2. 把孩子喜欢的角色融合进来一起玩
3. 把“玩不持久”的玩具和“很喜欢”的玩具一起玩

教养的真相 要想学习效率高，不仅需要聪明，更需要专心！大人常因为孩子聪明，就忽略他不专心的事实！

4 坏习惯改不掉的真相

4-1 会说谎的孩子：父母别再急着教“小孩不能说谎”

很多研究发现，对孩子的管教愈严格，孩子的说谎能力就愈强。管得愈严的孩子，真的比较容易养成不好的习惯吗？

说到做不到的大人，容易教出说谎的孩子

最近有一个妈妈跟我说，孩子变得经常说谎，让她很失望，觉得自己的教育很失败。这让我想起国外一项研究：孩子说谎，其实有时候是因为不想让大人失望。

另外，还有一个会说谎的原因是模仿学习，他学到了爸妈的“承诺不必遵守”。举例来说，有些爸爸妈妈经常对孩子信口开河：“圣诞节我们就买什么礼物给你！”“这个周末我们全家去哪里玩。”结果却是，礼物忘了买、假日临时要加班没办法旅行。

你以为这些承诺，孩子不会介意吗？错了，他们会一直放在心上！

孩子说谎，会有内在的因素

不要对孩子随便说说，他都记得住大人不守承诺的事

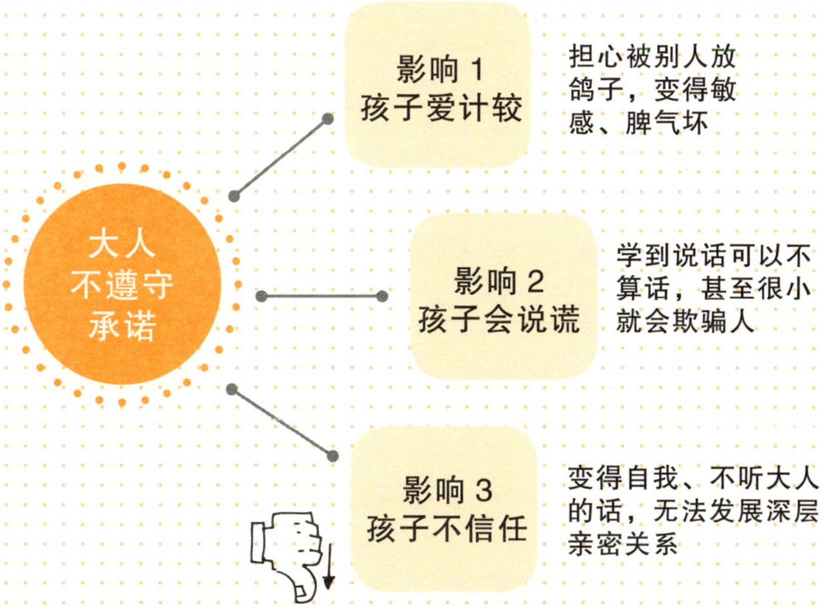

父母的不守承诺，会导致什么结果呢？首先，孩子可能会马上质疑你为什么说话不算话，明明约定好了的事情却做不到。这种孩子，通常脾气很坏，但这种情况我觉得已经算是好的了，日后可能会有更严重的情况陆续出现。

其次，如果孩子发现你经常跳票，就会变得愈来愈不信任你，未来，你的话他也只是听听就好，有得到就当作幸运，没得到反而觉得是理所当然。这种孩子，会发展出愈来愈多不听话的行为，这都是爸妈跳票造成的。

再者，孩子开始学习说到不做到，甚至开始学习说谎。好比说，明明没收拾玩具，却跟你说："妈妈我收好了。"明明功课很多，会跟你说："我都写完了，今天只有一样！"渐渐地，就会愈来愈轻而易举地说谎，这就是父母不以为意的身教所造成的。

但如果已经答应孩子，却真的突然有事做不到时，该怎么办呢？

最好先好好跟孩子说明你会跳票的原因，且有诚意地跟他道歉：你真的没想到会这样；接着，提出补偿及解决的方法，让他觉得你是真的有把说出的话当一回事，而不只是糊弄他；最后，跟孩子说凡事都有意外，在承诺之前，你会更谨慎，如果下次又有意外，你还是会好好处理的。

大人也会做错，别死不认错

跳票了，爸妈该怎么做：

1 道歉 → 2 补偿 → 3 保证 → 4 修复

1 道歉	2 补偿	3 保证	4 修复
好好道歉，说明原因	提出补偿解决方案	凡事总有意外，未来会谨守承诺	希望获得孩子原谅，重新和好

不同年龄，说谎的原因不一样！

为什么要说谎？

- 3～5岁
  - 认知能力不够成熟
  - 想象与真实分不清
- 5～7岁
  - 用谎言逃避惩罚
  - 想达成某些目的
- 7～12岁
  - 争取关心
  - 需要认同
  - 好胜心强

说谎，大人要面对的是孩子的内在冰山

说谎，是每个孩子在成长过程中多少都会遇到的问题。归纳孩子说谎的原因，3～5岁的孩子不外乎是：认知能力还没成熟，想象与真实分不清，因此才会借由编造故事透露期望；5岁以上的孩子，多半是用谎言来逃避惩罚，或是想达成某些目的。

无论如何，父母不要急着把孩子贴上“说谎就是坏小孩”的标签，比较常见的说谎行为与处理方式有下列4种。

说谎，是想逃避自己不想做的事情

学龄前的孩子如果不喜欢上才艺班，他可能会说：“班上的同学不喜欢跟我玩，所以我不想去。”这时候家长就要妥善与老师沟通，找出孩子学习过程中遇到的困难，不要把重点放在求证孩子说的是否为事实，否则反而可能会让孩子再说另一个谎，来达到逃避的目的。

说谎，是为了争取爸妈更多的关心与注意力

如果孩子跟你反映：我的身体哪里哪里好痛，非常不舒服！有一类的家长选择直接戳破孩子的谎言，不但会让孩子没有台阶下，还可能引来更多不良反应。因为孩子内心需要你的陪伴、与他互动，当他发出了这些信息后，却没有得到合理的回馈时，自然就会选择用能引起大人关心的话题来说谎。

因此，父母要具体教孩子用适当的语言表达需求，例如，“下次你可以跟我说，妈妈你还在忙，都不陪我玩了！”久了之后，孩子就不需要用谎言来博取父母的关心了。

处理说谎，理性沟通四招

	说谎心理	说谎情境	教养策略
1	逃避不想做的事情	班上同学不喜欢我，我不想去上学了	找出孩子面对的困难，并与老师沟通
2	争取关心或注意力	妈妈，我胸口好痛，痛死我了	先不揭穿谎言，而是引导孩子表达自己内心的感觉
3	怕被处罚	花瓶不是我打破的	重点放在“行为”而不是“人格”，让孩子知道说谎是不对的
4	爱比较、不服输	有什么了不起，我家有 100 台跑车和 50 栋房子	适时与孩子讨论正确的价值观，让孩子知道周围人都不喜欢他这样说

说谎，是怕被严厉处罚

人在面对危险的时候总是会逃跑，孩子也是一样，当父母用严厉的语气、手势及表情对孩子说：“你跟我说实话，到底是谁弄坏的？”基于害怕权威的人性本质，孩子一定不会愿意承认。所以，第一次犯错时，父母要给予机会并鼓励诚实的行为，再引导孩子下次不可以说出与事实不符的话。

你可以告诉孩子你的观察，把焦点放在孩子说谎的“行为”上，不要放大去评价孩子的“人格”，例如，“我刚刚发现你打破杯子，但是你没有承认，那是说谎。”要让他明白，说谎是不对的，而不是直接指责他是“坏小孩”。

说谎，是因为爱和同伴比较或喜欢竞争不认输

有类不服输而说谎的孩子，会出现这样的对话：“有什么了不起，我家有 100 台跑车和 50 栋房子。”与这类孩子互动时，父母可以适当建立正确的价值观，让孩子知道，周围的人都不喜欢他这样说，当孩子得不到支持与回应时，自然就会减少这类的说谎行为。

教养的真相

孩子“一言九鼎”有可能不是叛逆！千万不要只看到表象行为，他们极有可能是在对父母暗示自己的真实心声！

4-2 爱找借口的孩子：别让孩子从小就没有责任感

孩子还没上学前，父母可能还无法感受什么是责任感；等到他们上了小学后，整天不是忘了带铅笔盒回家，就是忘了今天是运动服日或校服日，再不然就是每天弄丢铅笔或橡皮擦，甚至把同学的作业带回家、自己的却不见了……这时你才会真正体会责任感的重要性。

从小要教责任感，不教长大会散漫

孩子有没有责任感，跟大人怎么教有关

1. 从小没有交代孩子要他负责的事
2. 大人总是帮孩子找理由
3. 遇到问题，大人帮他解决
4. 从不让孩子觉得自己有错

责任感是需要训练的！长大后没有责任感的孩子，常常是父母在不经意的情况下，用了错误的教养方法造成的。很多人问我，在幼儿时期到底可以培养些什么？如果想让孩子赢在起跑点，又需要多做些什么？我认为，成绩只是暂时的，性格才是一生最受用的。所以，性格培养非常重要，无论是抗挫折能力、情绪稳定性、学习专注力、责任感或荣誉感等，都必须从小培养。

我常说习惯需从幼儿园开始培养，在小学时期收割，一定要提早训练孩子的责任感。没有责任感的孩子，会觉得任何事情都是理所当然的，所以，会认为“自己都没有错，所

有的错都是别人的错”，常常听到孩子没带水壶时说：“都是我妈妈没帮我准备！”在他的心里面，好像这个世界是绕着他转的，但长久下去，只会让他长大后更没有担当，面对问题不知该如何处理。

我自己曾有过这样的经验，有次送小孩到学校后才发现他穿错校服，当下也跟大家一样，觉得很没面子，还担心旁人怎么看自己，总觉得是自己没教好才会让孩子穿错校服，所以就急急忙忙赶回家拿正确的校服去学校让他替换。

长不大、没责任感的小孩，是内在心智不成熟

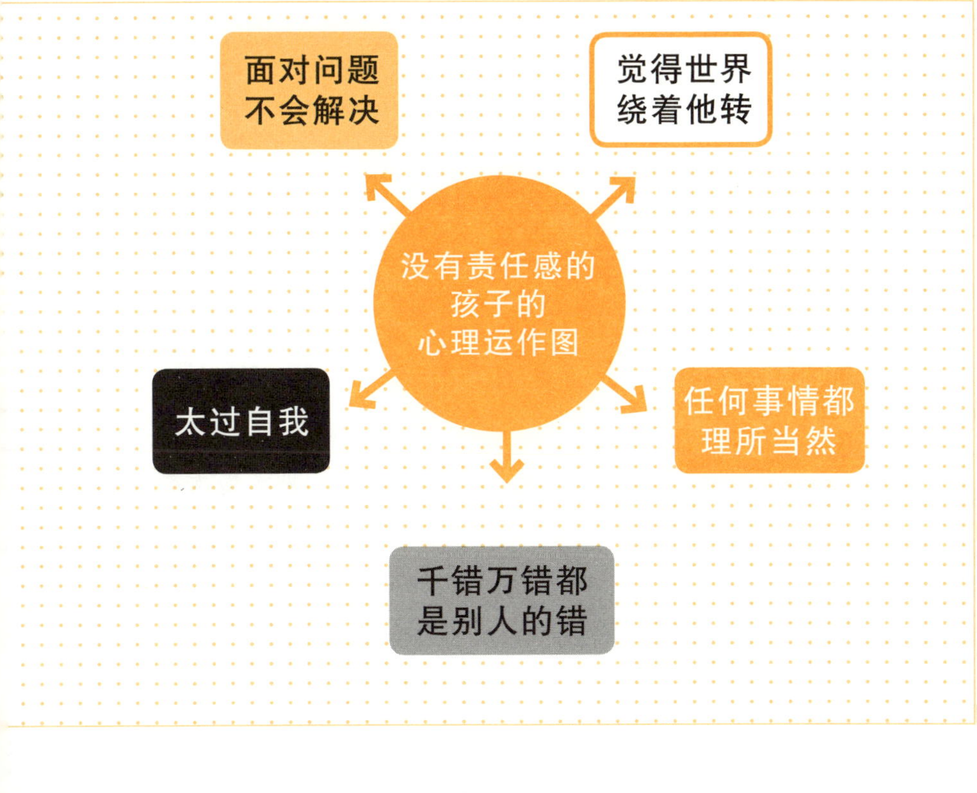

当时老师就对我说了句令我惭愧的话，他说：“××爸爸，其实不用这样，让孩子自己知道该穿什么，学着负点责任，并不困难！”这句话想想也没错！有时孩子不负责任，是因为父母出手太快。连我自己都曾犯过错，想必其他父母也有可能犯同样的错。

孩子上学后，该学的还有责任感，而不只是功课！

教养，是影响孩子未来能力的关键。下面提到的5个方法，对爸妈来说虽然有点困难，但改变，从今天开始，永远不嫌晚！

不帮孩子找理由，避免孩子找借口

孩子忽略责任，喜欢找借口，是大人不经意教出来的。举例来说，当某天老师打电话给你，说孩子今天上课很爱说话时，你会怎么处理？

大部分的父母都会以：“你今天为什么又上课讲话？”当作开头，但接下来的对话就错了。好比说，妈妈为了帮助孩子说出理由，会说：“是不是谁谁谁找你讲话？”“因为觉得讲课内容简单，所以无聊吗？”“还是不喜欢这个课？”这些我们替他找的理由，无形中就让孩子有了借口。

这时孩子通常会回：“对呀！那个谁谁谁来找我讲话，又不是我先跟他说话的。”或者是说：“我就是觉得太简单、很无聊呀！”

想想看，这样是不是就造成一种局面：原本想解决的是他上课说话的不良行为，却变成不经意间帮他找了借口，整件事的焦点就错了。最后，孩子不认错了，开始辩解。

训练担责有绝招，分龄教法要知道

幼儿园 培养习惯

- 3 岁：学会整理自己的小背包
- 4 岁：保护带去幼儿园的水壶 / 玩具
- 5 岁：知道哪天该穿校服
- 6 岁：保管自己的文具与书本

小学 打下基础

- 7 岁：整理自己的书桌
- 8 岁以上：被赋予特别的任务，如，当小老师等

让孩子觉得“这是自己该做的事”的方法

	方法	效果
1	不帮孩子找理由、避免孩子找借口	帮孩子建立是非观念
2	分段协助，先训练孩子自己想办法	避免变笨、不思考、不独立、不负责
3	不能光说对不起，要让没责任感的做法付出代价	让孩子感受到“不方便”
4	教孩子做记录，并说出来	生活计划表检核，让孩子学会分析
5	赋予孩子一定责任，并奖励他	给予机会并奖励

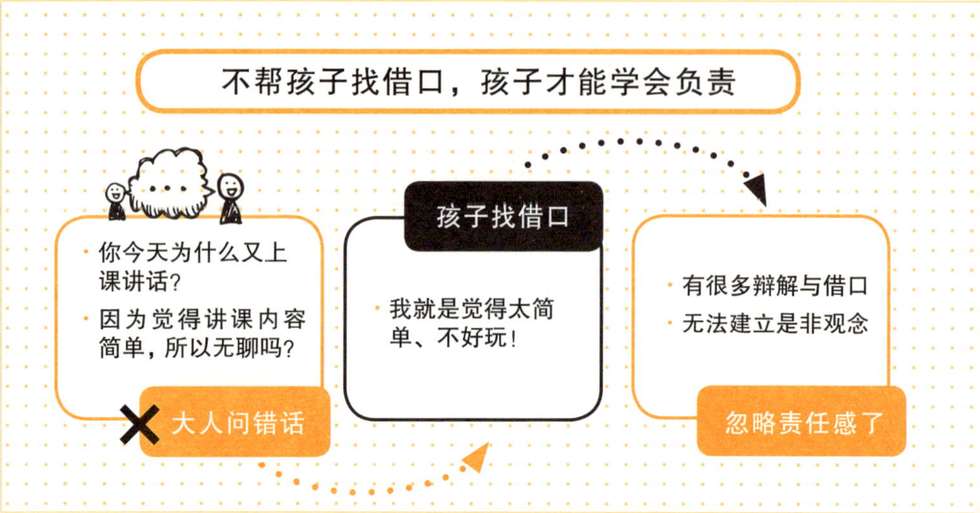

正确的方式应该是在问完“你今天为什么又上课讲话？”之后，先不说话，听听孩子的理由，他可能有很多辩解与借口，不想认错怕被责罚，大人听完后，只要说：“但这是不对的，下次你觉得该如何控制你自己呢？”总之，帮孩子建立是非观念非常重要。

分段协助，先训练孩子自己想办法

很多小学生到了学校后，才发现这个没带、那个又忘了写，这时父母要训练他自己想办法。忘了带铅笔，就让他自己跟老师、同学借，大人千万不要自己主动请老师借笔给他，也不用专程带去学校给他。当孩子告诉你忘了带什么时，只要适时丢一句话：“你自己想办法！”否则，你的出手只会让他变笨，不会思考，更不独立，不负责任，不协助对孩子才是真帮助。

不能光说对不起，要让没责任感的做法付出代价

谁都不希望孩子长大后付出更大代价，所以更要从小教起，父母一定要谨记这句话。我们看到现代社会上，很多大人都以为一句对不起就会没事，甚至连该怎么办都不知道，更不会进一步地负起责任，当然不能让下一代也变成这样没责任感的大人。

没责任感本来就要付出代价。好比说，水壶弄坏了，光说对不起、不是故意的，就足够吗？就应该买新的给孩子吗？我觉得不行，因为说了对不起就原谅他、可怜他，他并不会有任何感受。这时需要他为这件事付出代价，让他有“不方便”的感受，要忍受跟同学借东西，同学不见得愿意借的不方便，这个不方便就是代价之一；或者，让他知道会被老师骂，这也是代价。

教孩子做记录，并说出来

对自己负责，最好用的就是生活计划表，这张表要让孩子自己打钩，绝对不是由妈妈来检查完成率。同时，当孩子完成并打钩后，妈妈可以让他说出每一个计划点做得很好的原因。让孩子学会分析，他才能对自己负责。

赋予孩子一定责任，并奖励他

适度让孩子做一些需要负责任的事情，可以训练他的责任感。很多大人会在孩子想做些事情如洗碗、晒衣服时，因怕麻烦而阻止他，不让他做。明明有机会让他练习，却错过了训练的好时机，这就非教养本意。另外，当孩子做得很好时，也别忘了奖励他，有了奖励，他就会懂得保留这项能力了。

万能父母，教不出有责任感的孩子

分龄、分阶段，教出孩子的责任感

4 岁	· 教生活自理不嫌早
5 岁	· 当个提醒大人的小帮手
6 岁	· 让孩子懂得“先做必要的事，再做想做的事”的好处
7 岁	· 带着孩子建立“分析、组织及规划日常”的习惯
8 岁	· 奖励自动自发，多于奖励成绩
9 岁	· 让孩子知道“有责任感是为了孩子自己，不是为了妈妈”
10 岁	· 发自内心告诉孩子：“能对自己负责，爸妈以孩子为荣！”

教养的真相

长不大的孩子背后，总有保护过头的大人。这是孩子有问题，还是大人有问题？

4-3 兄弟姐妹吵不停：假公平，让手足吵不停

有手足的家庭一定很熟悉下列对话："不公平，为什么弟弟不用做事，我要做……""不公平，为什么姐姐的比较大……""不公平，为什么每次都是他先""不公平，为什么他的礼物比我好……"面对这些控诉，到底怎样做才公平？

大人认为的公平，孩子大都觉得不公平

爸妈必须认清一个事实，愈要做好公平这件事，愈是火上浇油罢了！从心理层面来看也是如此，"偏心、不公平"有时是孩子一时的心理感受，多少反映出孩子内心想要引起父母注意的呼唤。

人是很容易适应环境的动物，所以能够在不同的环境中生存下来，每个人都希望能往前迈进，希望比别人好，比别人好看、比别人有钱、比别人聪明等，孩子当然也不例外，这可说是天生本能。

三个维度，破解孩子的不公平心境

公平	· 永远争不完
天生本能	· 希望能往前迈进 · 想比别人好、多
心理层面	· 引起父母注意 · 一时心理感受

9 ~ 10 个月大的幼儿，就已经可以理解最初级的数学概念，能察觉出 8 个和 12 个的不同，能理解多与少；不到 1 岁的幼儿就知道要拿大块的饼干，更何况是已经会说话的孩子呢？所以，公平这件事永远吵不完，如果大人又加入做“公亲”的话，只会让孩子觉得计较“公平”是很重要的。

父母愈想做到公平，孩子就愈容易愤愤不平

想想这个画面，休假时全家带着大包小包出门游玩，大人常会请比较大的孩子帮忙拿东西，这时候大小孩会说：“为什么弟弟妹妹不用拿？”通常父母会先用这句话回应：“因为你长大了呀，他们还小！”但我想请爸爸妈妈静下心来回

看似公平的四招互动技巧，对大小孩来说，一点都不公平

技巧1 启动公平原则→也让弟弟妹妹拿简单的东西

- 大的继续吵，他的这么轻，我的这么重……

技巧2 希望老大转念→长大虽然要做的事变多，但还是有很多好处的……

- 大的持续辩论，当小的比较好……

技巧3 教育什么叫公平→那为什么大人就得要做全部的事呢？……

- 大的持续辩解，因为你是大人，我是小孩……

技巧4 同理心教育→真的好重，妈妈很希望你帮忙……

- 大的骂弟弟妹妹都不帮忙，赌气统统自己拿

想一下，你会请孩子帮忙做事的理由是什么。只是因为他年龄比较大，还是因为你觉得他有能力胜任？这会不会陷入一个误解？年龄大等于有能力胜任（尤其家中有特殊孩子时，更能了解）？

遇到这种情形，通常我会这样跟孩子沟通：“我知道这个东西很重，我需要一个人帮忙，考虑过你们每个人之后，我觉得你比较能够胜任这个工作。”

记住，每次处理孩子间的争吵，对孩子来说都是一次学习，但不是要学你当下给的大道理，而是学习你遇到事情的解决方式。如果只是大声喝止“不准再吵了！”那么当他日后遇到纠纷时，处理的方式也是用大声说话来解决问题；如

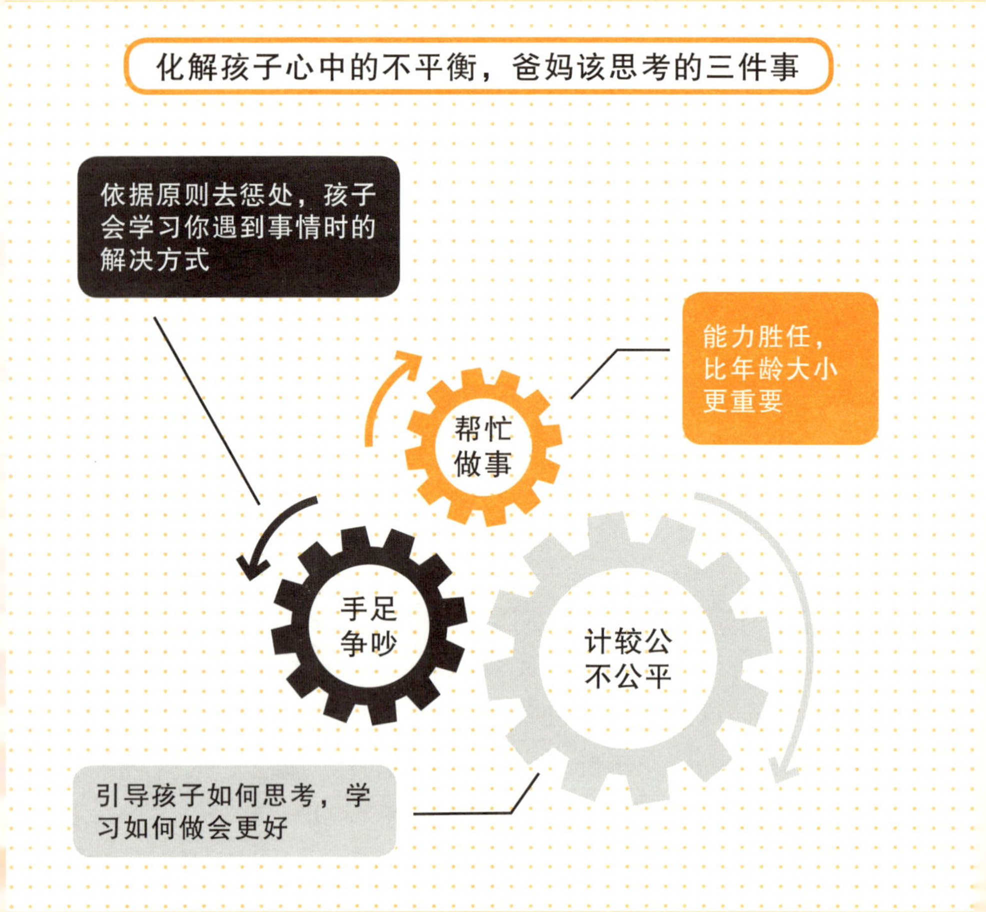

果你是用威胁恐吓来制止孩子的争吵，那孩子未来遇到事情也可能是威胁恐吓或动手。所以，家长要好好想清楚前因后果，依据原则去惩处，孩子日后遇到事情时，也比较容易静下心来，用理性态度来解决。

不要一直跟孩子讨论公平，沟通才有效

当孩子计较公平时，父母千万不要第一时间批评孩子怎么那么爱计较，或者也陷入公平不公平的迷思，而要更客观地分析。好比说可以赞许孩子有想法，但爸爸妈妈的想法其实是这样，或者可引导孩子思考如何做才是最好的方法，好的方法要有效率又实际才行。光是大声或用拳头是没办法解决问题的。给了方法后孩子的反应是自己想要的吗？如果不是，有没有其他方法可解决？

我们都希望手足间能相亲相爱、兄友弟恭，用聪明来解决冲突，但亲爱的父母，你们是否也示范了聪明解决冲突的方法让孩子学习呢？

别怀疑！手足争吵，也能帮助孩子成长

手足争吵与竞争，孩子们能学到的 4 件事

1	为争取自己的权益而奋斗
2	面对不同的意见冲突，可设法解决
3	能坚定自己的立场，并说出来让他人明白
4	懂得如何交涉谈判，甚至妥协

教养的真相

对孩子们来说，每次的争吵都是一次学习！面对手足争吵，千万不要在当下就给孩子讲一堆大道理，而是让他们学到你解决问题的方式。

4-4 顶嘴的叛逆孩子：先处理自己的情绪，再想怎么教

现在孩子很精，常钻父母的漏洞，爸妈讲 1 句，他马上回嘴 3 句，挑战权威。情绪就像一颗球，孩子丢出来，爸妈要接球并引导他，不要用硬碰硬的方式教。不然，过一阵子，你就会在孩子身上发现自己的影子。

父母如何应对常见的三种叛逆语言

孩子顶嘴，爸妈神回复

孩子顶嘴	爸妈神回复
等一下！	说清楚，等一下是多久！
我不要！	有听到，你不用说两次
为什么要听你的？	说说看，为何不用听我的！

挑战语言 1：孩子总说“等一下”

孩子其实是没有时间概念的，他的拖拉，有时是觉得并没有让你等很久，所以就用这句话来搪塞。况且，我们自己在教养中，也常常会跟孩子说“等一下”，结果却让孩子等很久，这也是让孩子的时间概念更模糊的做法，孩子自然会模仿学习起来。

挑战语言 2：孩子爱说“我不要”

老是说不要、明明会的事情也故意要赖要人帮忙，说了不可以做的事情、他偏要去做，动不动就哭闹，有时甚至会赖在地上……

没办法，这是两岁孩子要过渡到心智成熟的必经过程，他们想要宣示自己的独立性，所以常常以自我为中心、挑战大人，如果达不到目的，就用哭闹的方式来宣泄沟通，企图挑战成功。这样的情绪行为表现会持续多久、强度有多强，就要看大人们的教养态度正不正确了。

记得小儿子两岁时，有一阵子我只要不顺他的意，这孩子就会用大哭、尖叫的方式吵闹，再不然就是吵着要抱抱，但我和太太的处理方式都是冷静地告诉孩子：“你别哭，哭完了才有抱，一直哭就没有抱。”接着就做自己的事，偶尔会提醒孩子“不哭就来抱，哭完了吗？”并不禁止孩子哭，是我觉得很重要的教养原则。如果没有特殊的生理因素（例如，肚子饿、想睡觉……），通常迈进 3 岁后，孩子哭闹的强度和持续时间很快就会逐日减少。

等一下，是孩子的“搪塞语”

我已经给了你一次机会，再等最后30秒就不等了，我一定说到做到

孩子没有时间概念

等一下

面对“我不要”，冷静沟通比禁止更重要

孩子宣示独立性，以自我为中心、挑战大人，若达不到目的，就以哭闹的方式企图挑战成功

我有听到你说不要，但大哭尖叫的方式，让我不知道你要什么，我可以等你好好说，但不能接受你乱生气地说“不要”

我不要！
我要抱抱！

挑战语言 3：孩子不服说“为什么”

曾经有一个孩子当面对着他妈妈说：“为什么我要听你的？”“为什么你可以，我不行？”这种挑战叛逆的语言，都会让爸妈急跳脚，觉得孩子好难教。

其实这些测试底线的话语，真该想一想及冷静后再回答。如果一开始就气急败坏地回答：“因为你是小孩，再没大没小我就修理你！”会一点说服力都没有，而且等于只是暂时把火山口堵住，下次绝对有更大的爆发。

如果心平气和地回答：“这是我们共同制订的规定，并没有针对你，你可以继续说。”这样的提醒，才能刺激孩子思考，让他从表及里，知道自己说的是歪理。

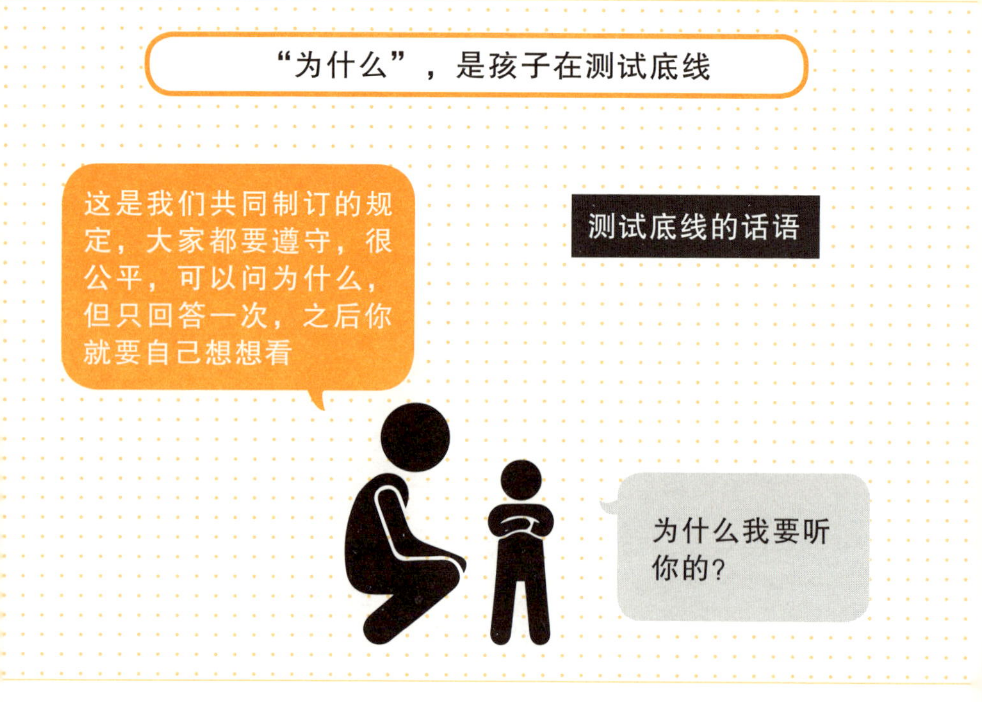

面对挑战大人的哭闹，五个实用教养步骤

当孩子出现强烈负面情绪，试图与大人抗议时，下面这五个步骤，能让孩子产生安全感，冷静下来和你理性沟通。

冷静面对孩子哭闹行为的 SOP

步骤 1 安抚	给予孩子情绪缓和
步骤 2 约定	共同约定用适当方法表达自己的诉求
步骤 3 分析	分析孩子不好好沟通的可能结果
步骤 4 鼓励	用具体事例称赞孩子的努力
步骤 5 提醒	当事情又发生时，提醒他上次做得到，这次也可以

步骤 1：安抚

先蹲下来跟企图发脾气的孩子说："我们在忙，我知道你想找我，我都听到了，你再等我 5 分钟，我就会去找你！"

步骤 2：约定

"这中间如果你都可以好好说，没有哭、没有闹、没有尖叫，我等一下会好好陪你及奖励你。"

步骤 3：分析

"如果你哭闹又追着我尖叫抗议，我听不到你要什么，事情没办法开始做，那么陪你玩的时间会变少。"

步骤 4：鼓励

信守承诺，鼓励孩子等待，分析孩子比上次好的地方给他听。

步骤 5：提醒

当孩子下次又要开始哭闹时，要提醒孩子：你上次就做得很棒，这次也可以再试试看！

爸爸妈妈们要注意，在行为教养学里，并没有一招教你对孩子冷漠，这可是会破坏孩子与爸妈之间的信任关系，让亲子间的互动大打折扣的！

如果孩子带着情绪在找你，请先理解他，让他感觉到你的关心，进一步了解孩子的需求，再决定你下一步的做法。

爱顶嘴或叛逆不服从的孩子的个性，多半很坚持，对成人的管教不服气，如果家长们为了引导出好品格，只是一味地禁止，没有教进孩子心里，让孩子觉得你不关心他，这样可能会伤害你们的亲子关系！

六种让孩子情商更差的教养语言！

1	批评	你怎么这么坏？下次再也没有机会出去玩了！
2	暴怒	我快被你气死了！没有小孩会像你这样的
3	威胁	哭！你再哭！我就处罚得更重！
4	控制	你现在不准说话！不准辩解！因为你做错事了
5	不讲理	不行就是不行！没有什么好说的
6	权威	因为你是小孩，我们是爸妈，所以你就该听话，照着做！

孩子爱顶嘴，父母可以这样应对

面对孩子出言不逊的状况，父母可以先静下心来分析背后的原因。一般来说，幼儿讲出难听的话，或者说话不得体，可以归纳出以下几个原因。

孩子口出恶言，是因为心理受挫

重要权益被剥夺，拼死捍卫

· 引导回想制订的规矩

环境中限制太多，没有表达意见的机会

· 提供孩子“可以做……”的选择

欺负教养弱者

· 管教态度的一致

长期被溺爱，养成不恰当的说话习惯

· 提供良好的语言习惯做楷模

原因 1：对大人没礼貌，是因为重要的权益被剥夺了，所以要拼死捍卫

如果爸妈已制订好家规，要求孩子遵守时却被孩子顶撞，可以引导孩子回想原本制订的规矩是什么，而刚刚的行为违反了哪个规矩；同时告诉孩子，要怎么做才是符合家规的表现。千万不要因为孩子的恶言相向，就忘了好行为该如何引导。

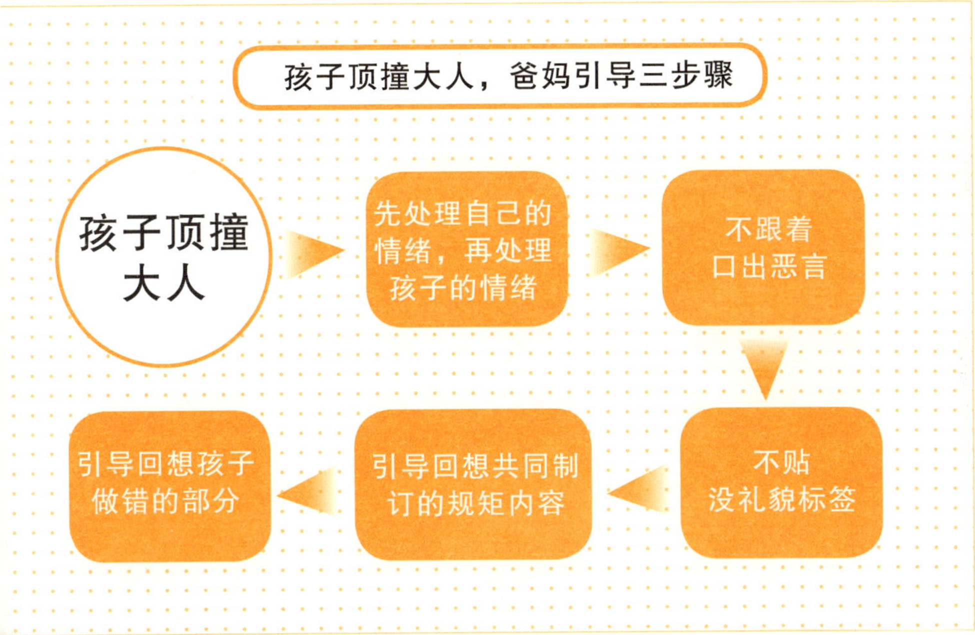

原因 2：对大人没礼貌，是因为环境中限制太多，没有表达意见的机会

孩子两岁以后，自主性会愈来愈高，愈多的禁止只会让孩子和你的距离变远，亲子关系变差。这时，爸妈应该开放

一些选择权给孩子。例如，吃饭时，可以提供多种菜色，由孩子自己选择吃什么。

在亲子的沟通上，要求孩子“不准做……”的同时，也必须明确告诉孩子背后的原因。像是不能玩插座，是因为会产生危险。并且提供孩子其他“可以做……”的选择。

最后就要跟孩子讲明白出言不逊无助于权利的开放，并由父母示范一次恰当的语言表达，才能帮助孩子说出真正想说的话。

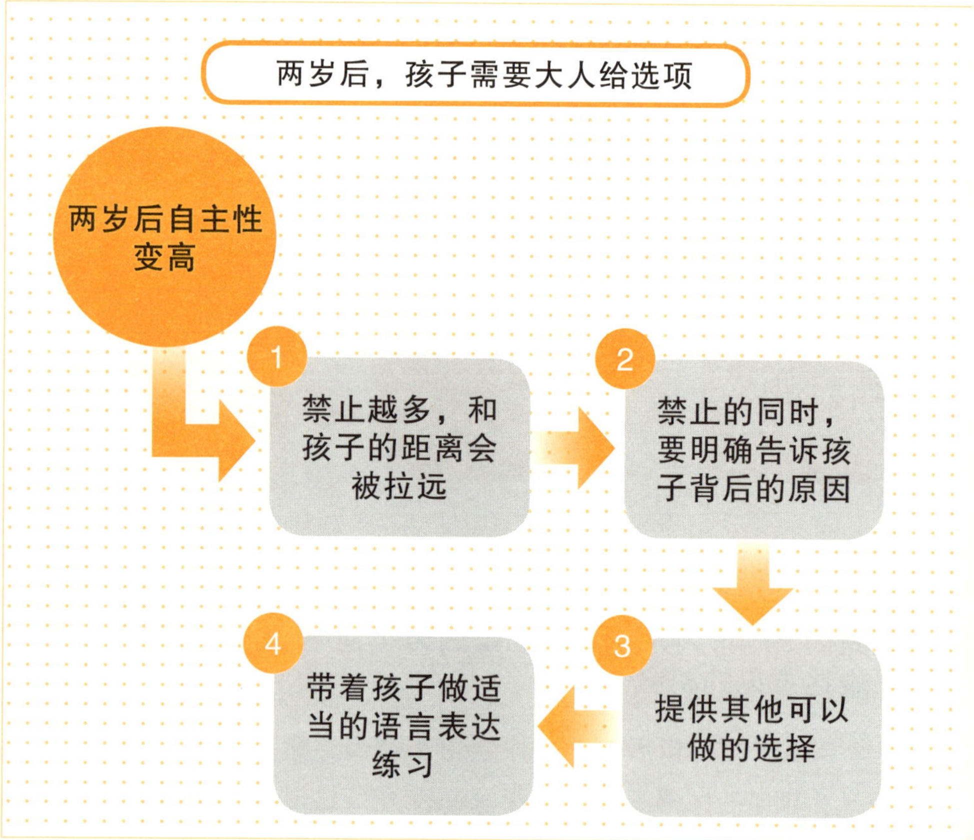

原因 3：孩子钻漏洞，欺负教养弱者

家有山老虎，当然去欺负小猫。我们常常遇到妈妈很在意孩子对大人说话不礼貌，若发现这种情况，自然会要求并严格处罚。但爷爷奶奶并没有这样的规矩，孩子就容易对爷爷奶奶大声，甚至颐指气使，这时候管教态度的一致，变得非常重要。

环境中如果大家一致要求孩子说话得体，孩子才会打心里认定这件事是所有人在乎的，才不会钻教养漏洞。

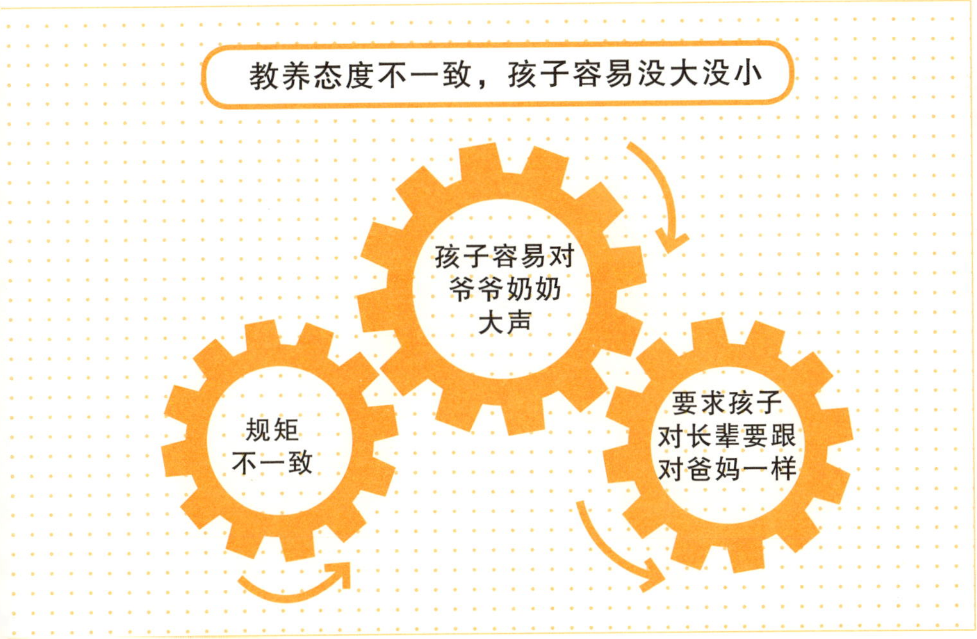

原因 4：长期被过度溺爱，养成不恰当的说话习惯

有些家长认为，孩子还小，不好听的话是模仿而来的，长大自然会成熟懂事。如果长期都让孩子对大人出言不逊，

不加以处理，久了就会养成不恰当的言语行为模式，这就是过度溺爱了。还记得我之前在“慢吞吞的真相”里讲过的吗？好习惯要比坏习惯多花 3 倍时间练习才能养成，也就是说，如果良好的言语行为需要 15 次的练习经验，那么一个不良的言语沟通方式只需要重复 5 次之后就会形成习惯。

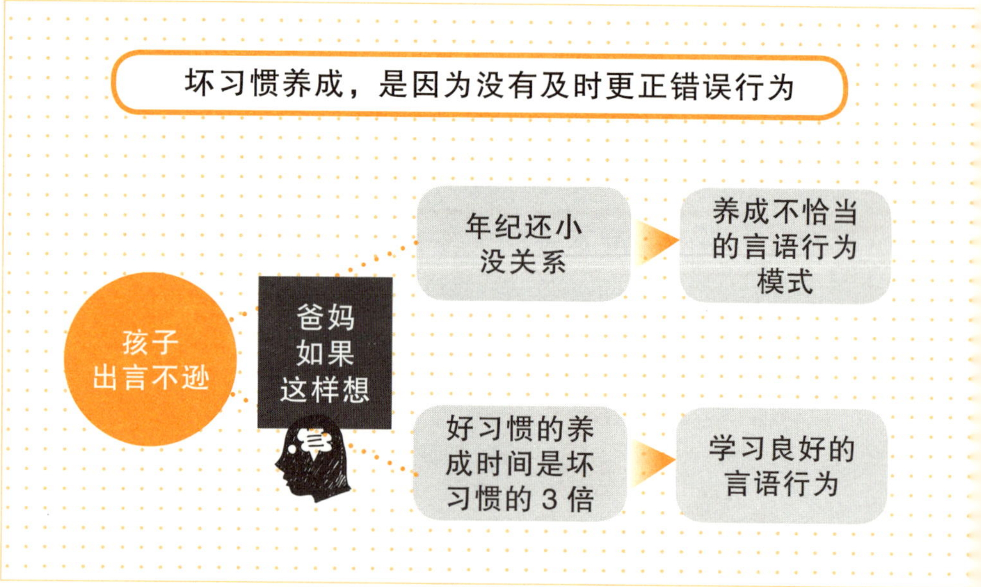

教养的真相 孩子最不缺的就是建议！大人有时愈想孩子跟着做，孩子就愈是唱反调。

4-5 坏习惯改不掉的孩子：大人该学的戒坏习惯沟通术

很多家长纠正孩子坏习惯时都会不小心加入情绪，情绪一上来，就容易开始责备与批评，于是，就演变为母子或父子大战，搞得谁都不高兴，也没有达到教养的目的。我要说的是，教养没有对错，容易有情绪也是人之常情，没关系，大家都需要多多练习。

纠正孩子坏习惯，爸妈别说错

纠正孩子坏习惯，这样对话最无效

1. 用说的！干吗用哭的？
2. 再不收拾玩具，我就把玩具丢掉！
3. 叫你不要碰，你还碰！
4. 你到底要我讲几遍？
5. 快一点！快一点！

经常听到很多父母会用这些口气教小孩，但是这样说到底对不对？你有没有发现，这样说常常不但没有改变情况，反而是每天不断地轮回，天天都为了这件事情而生气。

想改掉孩子的坏习惯却没用有效的方法，是会让孩子更反弹的。

“用说的！干吗用哭的？”这种说话方式，爸妈一开始的出发点虽然是让他练习用说的，但实际上孩子的心里会觉得：你根本不理解我的情绪。他觉得自己的情绪被封住了，没有出口，就会哭得更惨。当然，如果孩子听到这句话没有哭，表示他的理智线没有断掉，这样的教养你可以继续用。

不过，我会觉得，同样一句话说的方式不同，效果也许就会不一样！可以试试看，用比较温柔的方式说："用说的，不要用哭的，来说说看，我等你。"

大人容易看到坏习惯，不容易看到好行为

四个方法，渐进式带孩子改掉坏习惯

订出合理范围

- 站在孩子的角度上，试想要求可不可以做到

指令清楚不模糊

- 教导 3 ～ 5 岁的孩子，指令要很清楚

平常就要教孩子讲原因

- 若当下不能冷静，可以额外找时间说清楚

说出孩子的进步点

- 情绪来时，请先找出孩子的进步点，给予鼓励

订出合理范围

如果你只是说："你用说的啊，不要用哭的。"我可以替孩子回答你：办不到。因为他不是不愿意听你的，而是停不了，这就是不合理的范围。改变教养的话术，比较好的方式是："你可以哭完了再跟我说！"这样一来，就能让他练习把话说出来。还要避免一些不合理的范围，譬如睡觉时，妈妈都会说"还不快去睡""眼睛闭上给我睡""快睡"等，这些都属于不合理的范围。

想想看，连我们自己都不能闭上眼睛马上睡着，更何况是小孩，所以当你这样说时，反而让他很焦虑，一焦虑就更睡不着了。合理的范围则是："眼睛闭上，九点半前睡着就好。"过一会儿，当孩子又说"爸爸我睡不着时"，我就会说："我刚刚是交代你眼睛闭上，没有让你马上睡着。"当他的眼睛闭上、不焦虑，20分钟后自然就会睡着。

标准定得好，孩子就能做得到

孩子不睡觉

不合理范围对话	眼睛闭上给我睡！
合理范围对话	眼睛闭上，9点半前睡着就好

指令清楚不模糊

教导 3 ～ 5 岁时的孩子，指令要很清楚。例如，妈妈不能说："去给我收拾干净！"因为这种说法是很模糊的，孩子只会心不甘、情不愿地把玩具丢进玩具箱。所以当你看到孩子的桌上仍一团乱时，一定又会生气起来，但孩子会觉得：明明我就收了呀！这是因为孩子并没有接收到妈妈明确的指令，事情交代得不够清楚，导致他以为自己已经收拾好了。所以，通常我会很明确地交代，例如：书包放在柜子上、玩具回它的家、桌上没有积木。

给孩子指令清楚的对话

孩子收玩具

指令不清楚的对话	去给我收干净！
指令清楚的对话	请把玩具送回家

平常就要教孩子讲原因

就举孩子出门时喜欢摸东摸西的坏习惯为例，很多妈妈看到孩子乱摸时，大概会说："不是跟你说过，叫你不要碰还碰，等下又要去洗手，你很奇怪呀！"这句话似乎不太有用，也不能把坏习惯调整过来，因为小孩乱碰有时是因为好奇，或者是需要一些触摸的刺激。所以上面这句话就变得有说跟没说一样，没有引导作用，效果一定不好。

我还听过更没耐心的教法，例如："你再摸呀，摸了吃下去肚子会很痛。"我非常懂爸妈在教小孩时有时会很急，所以想用夸大的说法来吓他。但孩子是很精明的，这时候，4 岁以上的孩子通常就会回你："才不会。"之后，孩子就会觉得你说的话都不是真的，所以不听、继续碰。

如果孩子一直很好奇，我在平时就会找时间特别告诉他原因。比如说，乱碰窗台时，我会跟他说："窗台上有灰尘，会卡在你的指甲里，等下就要吃晚餐了，灰尘卡在指甲里洗不掉，可能会被你吃进肚子里去。"

改变坏习惯，平常要教，不要等到坏习惯出现后才教

孩子喜欢摸东摸西

没有效果的对话	不是跟你说过，叫你不要碰还碰，等下又要去洗手，你很奇怪呀
把原因说清楚的对话	窗台上有灰尘，会卡在你的指甲里，等下就要吃晚餐了，灰尘卡在指甲里洗不掉，可能会被你吃进肚子里去

说出孩子的进步点

要改掉孩子的坏习惯，需要时间，也需要技巧。有时当你说出：“你怎么总是不听？”“你为什么每次都不收拾？”孩子只会想到：“我哪有每次？”于是冲突点就变成到底有没有每次都这样，对改掉坏习惯却一点帮助都没有。

我们都很习惯批评孩子的坏习惯，标准也给得比较高，那么，当孩子下次哭了 10 分钟才愿意跟你好好说时，你可以试试说：“你有进步，上次哭了 30 分钟，这次只哭了 10 分钟。”当你懂得在情绪来了的时候，先找出孩子的进步点，给予鼓励，孩子的耳朵就愿意打开，教养的话才能听得进去。

说出进步点，加强好行为的记忆点

孩子又哭闹

指责的对话	你为什么又乱哭闹？
说出进步点的对话	你有进步，上次哭了 30 分钟，这次只哭了 10 分钟

教养的真相 → 父母不能只看到孩子的退步，更要看到孩子的进步。孩子不知道自己在成长，父母要帮助他。

4-6 马上就要，不然就哭闹的孩子：情绪教育三步骤

玩具橱窗旁，妈妈看到浩浩眼睛正盯着一个玩具不肯离开，赶紧跟他说："今天不买玩具！家里已经很多了……"话刚说完，浩浩就开始哭闹着说："我不管，我就是要买啦，我要我要啦！"接着大人不想妥协，孩子就往地上一瘫，情绪愈来愈难控制。

情绪教育：让孩子的情绪有出口

你家有没有这种"立刻马上要"，得不到就会暴怒、生气、大哭、耍赖的孩子？

这种耍赖情形如果是在家里还比较好处理，顶多就是不理他、忽略他，又或者修理他，再不然就是有耐性地慢慢说。只是，在家里能好好说、慢慢说；到了外面，孩子是从来不会顾及爸妈的面子啊！

况且，许多爸妈在外面情急之下，很容易用上一些过激语言，比如："你再哭，我下次就不带你出来了！"或是"你

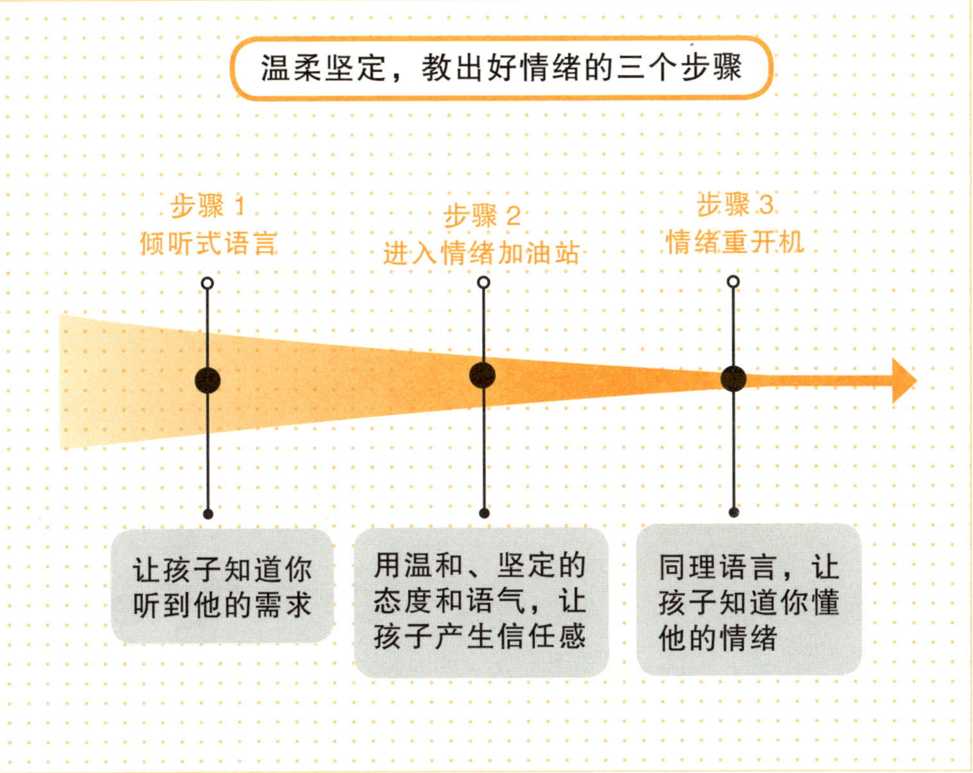

再哭，我就不理你了！”上述这些语言对教养来说都很失败，因为根本做不到下次不带他出门，也不可能不理他。如此一来，只会让孩子继续钻漏洞，而且更胡闹。

如果爸妈脱口而出的是“回家后修理你”这类的话，结果会更惨。孩子会产生“反正都会被修理，干脆自暴自弃”的心态。他一定会想，“既然如此，我在外面就要尽量发脾气，否则回家后就不能予取予求了”。

既然这些语言对孩子都无效，只会让孩子更执着于他的目标，让他用更强烈的行为去表达他的需求。那么，当孩子用可怕的情绪逼迫你，以达到他的需求时，又该怎么办呢？

父母这样说，难怪孩子不听话

大人说气话

再哭，下次就不带你出来了！

再哭，我就不理你了！

孩子的心理感受

1. 大人做不到
2. 很想反击大人
3. 很没安全感
4. 更不知所措
5. 找不到台阶下

这样说，会助长孩子的坏行为

大人说气话

回家后你试试看

孩子的心理感受

既然如此，我在外面就要尽量发脾气，否则回家后就不能予取予求了

情绪教育步骤 1：给予倾听式语言

妈妈事先给了提醒：“浩浩，那个只能看，不能摸也不能买……”孩子仍然哇哇吵着要：“我要买、我要买……”这时父母若说出：“不可以买就是不可以，走，我们走……”孩子的情绪一定会爬到第二阶段，使尽全力耍赖、大哭大闹。

因此，开启有效亲子对话的第一个步骤是——给予倾听式语言，让孩子知道你听到了他的需求。

所以当孩子哭闹着说“我要买、我要买、我不要走”时，你要跟他说：“我有听到、我有看到，我知道你说‘我要这个’！”这时要让孩子知道父母了解了他的需求，以阻止后续产生更强情绪的倾听式语言。

孩子会持续地说“我不要、我不要”等行为，多半是因为他以为你不懂他，才会用情绪表现愈来愈强的方式让你感受。**如果没有在第一时间帮孩子把情绪收敛起来，接下来的沟通，可能都是无效的，只好等孩子情绪冷静下来。**

情绪教育步骤 2：带往情绪加油站

当然，即使是说了倾听式语言，孩子的情绪仍然可能继续上涨，因为那个他很想要的东西仍然在他眼前，情绪是无法收敛的，只有远离目标，才有助于让情绪易失控的孩子冷静下来。

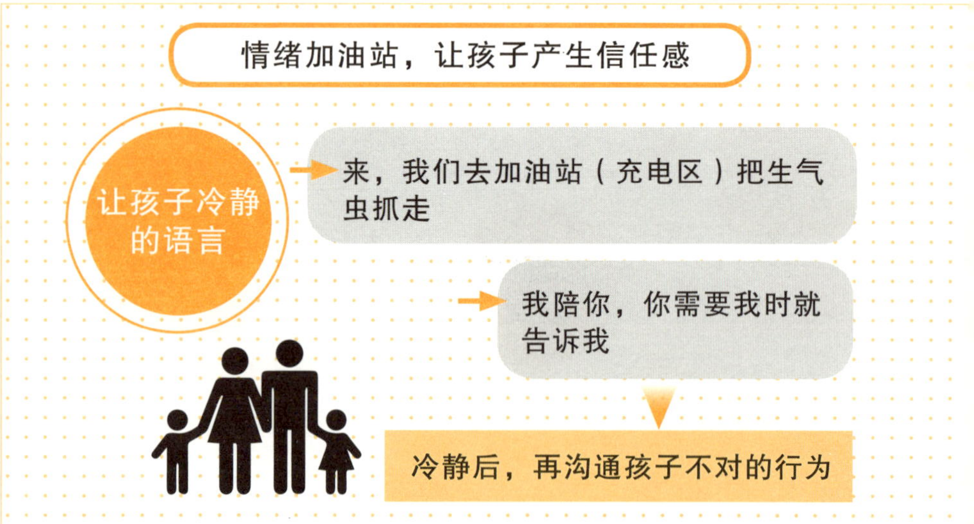

这时就必须进入第二步骤，给他一个冷静区，也可以称为情绪加油站、充电区。不过，家长平时就需先与孩子建立冷静区、加油站的概念才有效。

“来，浩浩，我们去加油站（充电区）把生气虫抓走。”带他到可以让他安静的区域，也许有些孩子仍然会不顾一切地吵闹、不让你抓，就是不想离开。但通常孩子不想离开的原因，有时是害怕被父母处罚。

你可以抱着他离开，同时用温和的态度、坚定的语气跟他说：“我们去加加油、充充电，去抓生气虫。”这样的语气与态度，有助于提升孩子对你的信任。

情绪教育步骤3：情绪重开机

远离了那个让孩子发飙、生气的环境后，爸妈要用重新开机的语言，让他的情绪更缓和。可以跟他说：“浩浩，我

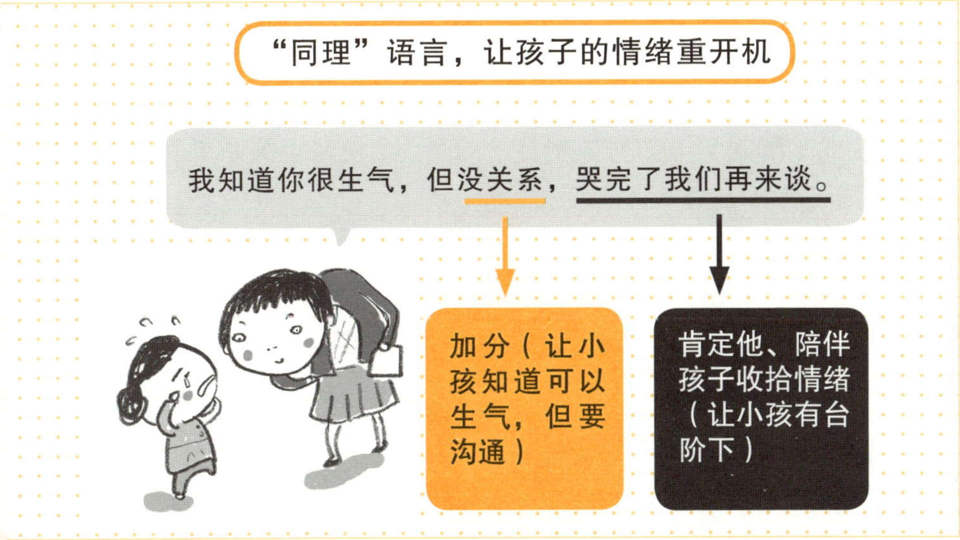

知道你很生气，但没关系，哭完以后，我们再来谈。”这就是“同理”语言，让孩子知道你懂他的情绪。

“没关系”是加分，“哭完了我们再来谈”是肯定他、陪伴他收拾情绪的语气，这个肯定并非是他的哭闹，而是肯定他愿意跟我们走，欢迎他来到安静区，表示爸妈知道他很生气，但现在有爸妈陪着！这就是所谓的情绪重新开机。

教养的大忌就是恼羞成怒，很多父母遇到孩子在外面耍赖，就大声斥责小孩，似乎在向他人表示：“我有管教”，但这对教养来说并没有好处。又或者，有些家长属于息事宁人型，只要他不吵就好，看看价钱也不贵，所以赶快买给他，这就形成了原则问题。如果有时候买、有时候不买，孩子永远搞不清楚爸妈的规则是什么，就更会吵。

也有些爸妈会用其他的东西来弥补，例如，不买遥控飞机，就问他要不要改买其他东西，好像是为了拒绝孩子而内疚，用别的方式来让自己好受一点，这更违反了教养的目的，久了之后，孩子就会讨价还价，会有一种“反正我先要大的，得不到至少还有小一点的”心态。

学习如何用正确的方式引导孩子不要赖相当重要，这也能让他了解并学习如何控制自己的行为，使亲子关系更和谐。

教养的真相

大人正确的情绪教育，让孩子变成情绪的主人；大人错误的情绪教育，让孩子变成情绪的奴隶。

5 事不关己的真相

1
自己去做功课！
我不会，你帮我！
2
今天课文要背哪一段？
不知道！
3
明天是穿运动服还是校服？
不知道！
4
是你在上学，还是我在上学啊！

5-1 忘东忘西的孩子：大脑刺激不足

很多家长会在孩子上学后，面临一个很烦恼的问题。我就常常听到妈妈跟我唉声叹气：“孩子怎么总是需要人家提醒，常常忘东忘西？不是东西忘了带去学校，就是作业、外套忘了带回家；我自己要记的事情已经那么多，还要帮他记这些琐事，好累呀！”

帮助“忘东忘西”孩子的一个心法及三大脑活动

其实，**训练孩子上学后不忘东忘西的关键期，应该是在幼儿园阶段**，这段时间如果没有启动训练计划，等孩子上了小学后，你就必须忍受孩子总是落东落西的坏习惯。

有没有发现，当我们提醒孩子别忘了什么事情时，他好像老是说：“这个我早就知道了，本来就想去拿了……”但每次都是在提醒过后，他才会记起来，真的令人烦不胜烦。这时，父母可以运用下面这个心法及 3 种大脑活动小游戏，来训练孩子的记忆力。

一个心法及三大脑活动，训练孩子的记忆力

心法	阶段性复习 短时间内多练习
大脑活动 1 听听看	“简单的重复说”指令游戏 训练听觉专注力
大脑活动 2 记记看	图卡看一遍，说出图卡内容 训练视觉专注力
大脑活动 3 说说看	说一小段故事，问孩子与故事内容相关的问题 综合训练记忆力

心法 1：计划性＋阶段性复习

学习新事物，一定会忘记。对孩子来说，计划性复习很重要。所谓计划性复习，就是尽量在短时间内再练习第二次。学一个新的单字，如果你在第 6 天再背一次，已经只剩 1/4 的记忆了，复习起来就会很痛苦，而且效果很不好。

大脑活动小游戏 1：听听看，重复说指令的训练

我常常会用一些小游戏来训练孩子的听觉专注力，比如，“简单的重复说”指令游戏。玩法是，妈妈先随便挑选 5 个

新学习内容（短时间内练习第二次），学习事半功倍！

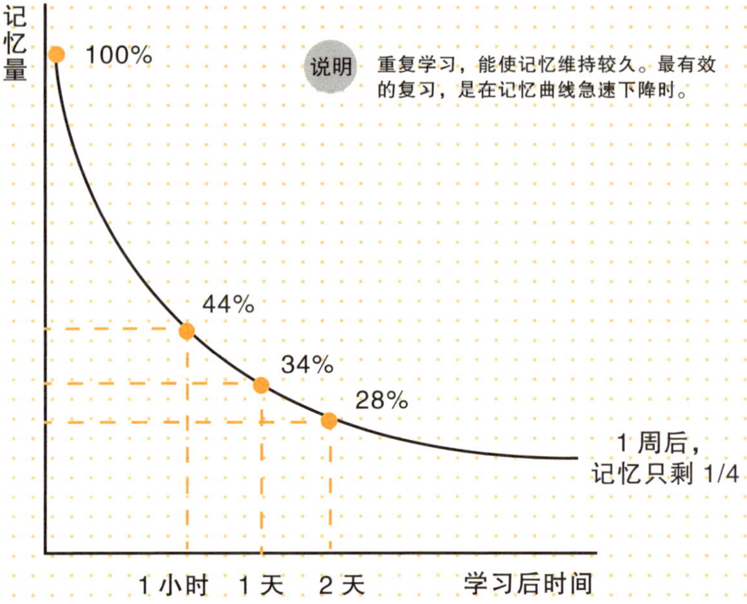

艾宾豪斯遗忘记忆曲线

动物，如“老鼠、熊、大象、恐龙、犀牛”，依序说完后，让孩子按照正确顺序念出动物名称。大一点的孩子可以增加难度，如让孩子倒序说出动物名称，或者增加动物的种类，常常玩可以训练他们的听觉专注力。

大脑活动小游戏 2：记记看，过目不忘的训练

准备一张图片，图片上面最好有各种不同动物或数字，先让孩子看一遍，10 秒后让他闭起眼睛想想刚刚看到了什么。这个游戏的关键是，当他在看的时候，不能用嘴巴念出来，只能默记。

大脑活动小游戏 3：说说看，记忆力训练

妈妈先说一小段故事，故事中要有动物的名字、个性、在做什么事等。举例来说，“波波是一只勇敢又开朗的小暴龙，虽然吃肉，却非常善良，只是波波有点任性，遇到一点不顺心、不如意的小事，就爱发脾气。而且一生气就不吃东西、不说话、也不理人，甚至不睡觉。”故事说完后，接着就可以考考孩子，比如，“刚刚那只小暴龙叫什么名字呀？他一生气就会怎样？他喜欢吃什么？……”

3 ～ 6 岁亲子共读，影响 11 岁的学习力

训练孩子专心听的能力，要从小开始，尤其是 3 ～ 6 岁，这是大脑开发的关键期，很多小学一、二年级的学生在学习上有障碍，都是因为在幼儿园的时候，分心没有人在意，上了小学后问题才爆发。

为何我这么重视早期阅读？这是因为学龄前的阅读会影响 11 岁时的学习力。研究发现，上小学后的“知识理解力”及“字句解读能力”，跟父母在孩子 4 岁前，有没有做好亲子共读有关。**关键在于带孩子阅读的过程，就是一直刺激大脑神经元的过程。**

大脑中有与文字联结、阅读联结的区域，这些区域的发展，影响着孩子日后的学习潜能，通过早期阅读、亲子共读

等方式，可以让这些区域变得比较活跃。我自己即使很忙，也会每天或隔几天就跟孩子讲故事，做一些亲子互动，因为常常听故事的孩子，未来的情绪会比较稳定，日后也比较不容易犯错，这就是所谓“陪伴的力量”。我们这本书的精神，更是想教大家，陪伴也要有方法。

从小阅读的孩子，学龄后学习力强

阅读与学习力

- **提升学科能力**
  - 理解力↑
  - 字句解读能力↑
  - 记忆与背诵能力↑
- **大脑网络联结**
  - 学习潜能开发
  - 文字、阅读的联结速度变快
  - 大脑活化增加
- **发展**
  - 亲子间亲密关系↑
  - 情绪调节力↑
  - 团体专注力↑

大脑花园

学习理论中，有一个“神经修剪理论”，认为大脑就像一座花园，里面枝叶茂盛是不够的，要想变成赏心悦目的花园，要靠园丁的整理。而脑中的神经胶质细胞（glial cells），正是这个重要的园丁，在花园中清除杂草及害虫，让花朵长得更好。

这些园丁去芜存菁的目的，主要是清理大脑的空间，让孩子可以学习更多的新事物；而且，大脑也有“用进废退”的特点，被教过的知识，如果常拿出来使用，就会记忆犹新；而不常复习的知识，就会被认为是没用的，自然而然被修剪掉。

大脑里的“神经修剪理论”

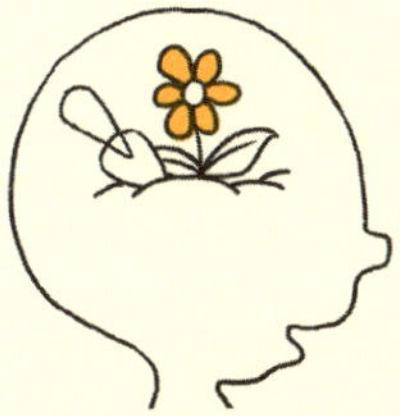

- 大脑就像一座花园，脑中的神经胶质细胞是重要的园丁，清理大脑的空间，让孩子可以学习更多的新事物
- 大脑也有“用进废退”的特点，被教过的知识，要常拿出来使用，才会记忆犹新
- 不常复习的知识，就会被认为是没用的，自然而然被修剪掉

教养的真相

孩子的大脑就像一座需要被整理的花园，若要让他学得好，反复学习的经验绝对不可少。

5-2 不自动自发的孩子：“主动”是要从小训练的

如果父母想要孩子自动自发，千万要把握 3 ~ 6 岁这个黄金阶段，这时期是建立孩子“自我负责”观念的最好时机。因为懂得自我负责，可以让孩子一生都受用，而且，这种学习态度，比孩子的成绩更重要，是未来成功人生的要素。

学龄前的孩子，就可以训练他负责身边事务

孩子如果能在学龄前学习为自己的行为负责任，等到上了小学之后，父母就有机会看到凡事自动自发、理想型的小学生，孩子们表现出来的会是：早上不赖床、上学不迟到、好学不倦、充满学习热情、不用催也不用赶，自动自发做完功课等。

2 岁前的幼儿处于无律阶段，这时还没有是非观念的存在，多是以满足自我的需求为优先，外在的行为表现大多是不受控制的。但过了 3 岁以后，就会开始进入他律时期，除了自己，已经意识到他人的存在，也有了是非善恶的观念。

5 岁以后，更能通过先前的成功经验，建立自律的雏形，并且可在社会的鼓励之下，逐渐形成一个个的好习惯。

3 ~ 5 岁是孩子建立“负责任”的黄金期

2 岁

无律阶段：自我需求优先，不懂是非

3 岁后

他律阶段：会意识到他人存在，懂是非

5 岁后

通过成功经验，建立自律的雏形

负责：3 岁孩子也可以练习

日常生活大小事

＋

引导并鼓励

→

3 岁前的负责练习

要养成孩子的自律习惯，就必须从日常生活中的大小琐事开始教起，等到日后当他较成熟能面对事情时，思路才能朝向正确的方向前进。好比说，一个七八个月的幼儿，虽然不会走路，但在他玩完玩具后，如果能引导他爬着将玩具车放回玩具箱，然后赞美他的努力，日子一久，他自然就会学着把自己应该做的事情做好。

对已经 3 岁开始学习自律阶段的孩子，我认为父母的教养重点可放在下列几点。

开放给孩子选择的权利

在《每个孩子都能学好规矩》一书中，作者安妮特·卡斯特－察思（Annette · Kast-Zahn）建议父母："关于自己需要什么，孩子应该逐渐做更多决定，并自己承担后果。"**无论是吃饭或游戏，父母都应该让孩子有选择的权利，而不是指导或帮孩子决定。**

举例来说，吃饭的食物种类可以由父母来决定，但却无法决定孩子的食量；所以，只要孩子不想继续吃，就要结束用餐。你要做的只是坚持在规律的时间提供三餐，拒绝在餐与餐之间提供额外的零食，这样孩子很快就能学习找出正确的食量。

生活自理的责任

孩子进入幼儿园后，很多妈妈变得有"早晨焦虑症"，因为孩子总是太晚起床、穿衣服拖拖拉拉或者吃早餐慢吞吞等。卡斯特－察思认为，父母的责任是将孩子准时送到学校，至于孩子是否穿戴整齐、头发有没有梳好、是不是有时间从容不迫地吃早餐等，都应该交给孩子自己决定。**当孩子觉得自己"有责任"时，早上就不会无理取闹。**

给孩子无聊的权利

这个阶段的孩子，应该要开始学习规划自己的闲暇时间，如果孩子一句“我好无聊”，就可以获得父母的陪伴，那孩子就没办法认识自己的需求和能力，也不知道该如何和自己相处。所以说，**孩子感到无聊的时候，就是开始练习独处的最佳时候。**

制订明确规矩，让孩子知道违反规矩的后果

幼儿需要规矩、限制与界限，才能学会自我控制，了解不是什么事情都能率性而为。《我家幼儿教养好：3 ~ 6 岁》一书中曾提及，孩子其实很需要成人为他们制订规矩，以作为支柱与指引，他才能了解什么是良好的态度与正确的行为。

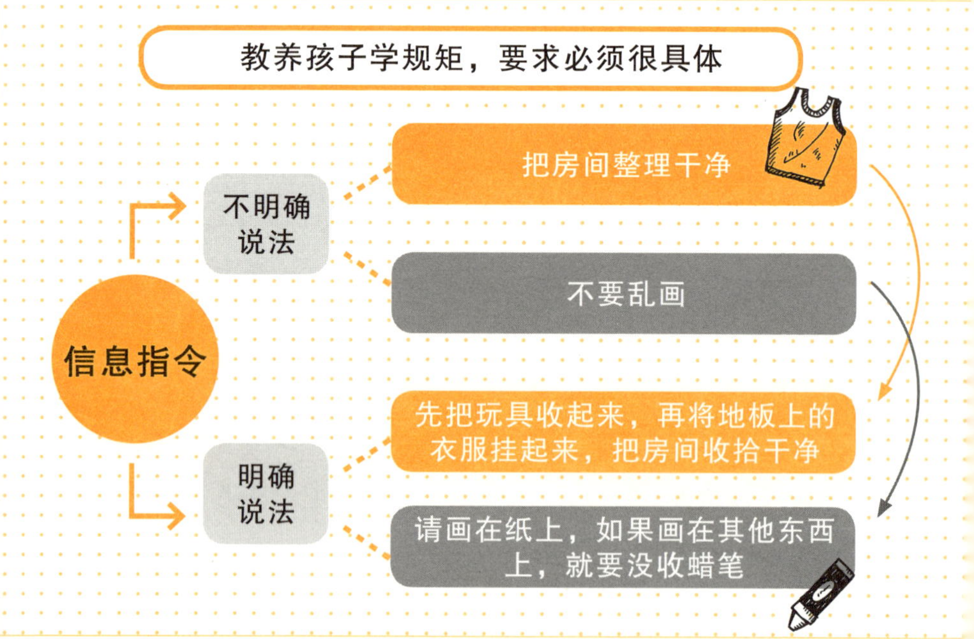

只是，**教导幼儿的规矩和要求必须要很具体**，如果你只是说“去把房间整理干净”是很模糊的要求。对孩子来说，“把房间整理干净”的意思不明确，因为他不知道要用什么方法让房间变干净。

明确且具体的说法应该是：“先把玩具收起来，再将地板上的衣服挂起来，把房间收拾干净。”而且你要让孩子了解违反规矩的后果，这会让他知道如何做决定，因为**“正确的决定会得到正面的结果，错误的决定会是负面的后果。”**例如，给孩子蜡笔前，先提出明确要求：“请画在纸上，如果画在其他东西上，就要没收蜡笔。”

挑战规矩底线时，父母要让孩子知道违反规矩的后果

我知道有些父母即使订了规矩，也曾告诉孩子违反规矩的后果，但只要孩子一哭闹、拖延，就会妥协或屈服。这种**教养态度，会使孩子成为机会主义者，学习到利用负面的方式反抗到底**。所以，如果想让孩子自律，就要坚定执行自己立下的规矩。只要孩子看到爸妈言出必行，就会认真看待爸妈对于违反规矩的警告。

教养的真相

3～6岁，从日常小事开始训练孩子负责身边事务；7～12岁，放手给他大事练习学会自律。

5-3 明知故犯的孩子：愈说愈故意的行为

"为什么总是要跟我作对？我明明告诉他不要在客厅丢球，他却总是一副'我偏要'的态度，甚至愈说愈故意！真令人生气！"

"每天早上叫他穿外套，就是偏不要！警告他说会冷，就偏偏不穿还顶嘴。总是要等到妈妈骂人了，孩子才愿意把衣服穿上。真搞不懂他在想什么！"

孩子故意，
不见得是在针对妈妈

不同年龄段的孩子，考验妈妈耐性的原因也很不一样。好比说，4 ~ 6 岁是心智快速发展期，这时可能很多家长都会发现，管教愈严，孩子反弹也愈大，不但爱顶嘴、唱反调，骂他也不听。

2 岁：想控制大人

2 岁的孩子已经开始具有自我意识了，总觉得自己长大了，什么都想照自己的意思去做，爸妈愈说不可以，他就愈

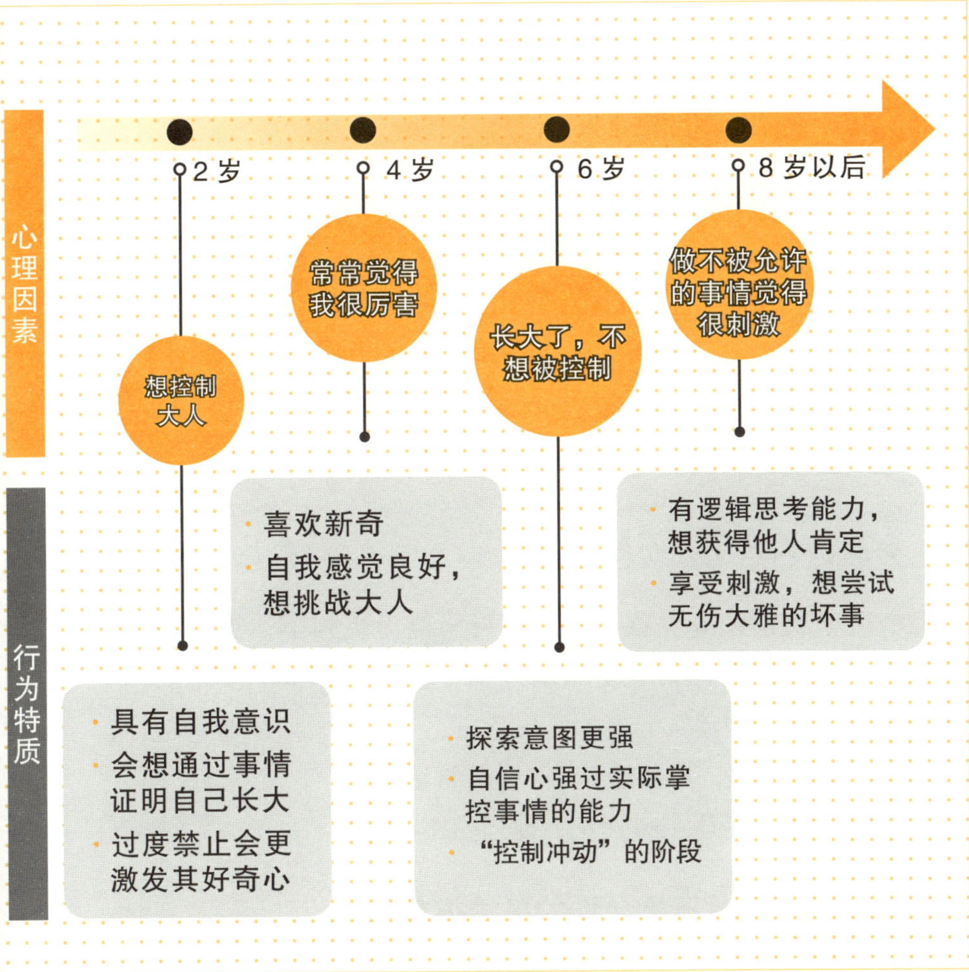

觉得背后一定有什么秘密很值得探索，所以在家里经常会有“不让他玩插头，他偏要玩；不让他跳沙发，他却跳得越开心”的状况发生。这时如果过度禁止，会让他更好奇、更想要冒险，当你的指令不明确又复杂时，他只会

听到他想听到的“可以”，自动忽略前面的“不”字，因为，他只想对你证明：“我长大了！”

4 岁：常常觉得我很厉害

4 岁的孩子喜欢新奇的事，虽然已经有点小能力了，但在爸妈的眼中仍是个小不点。这时他会觉得自己已经很厉害了，爸妈根本不了解他、不想放手让他长大独立，因此很容易表现出抗拒不从的行为，完全不想听爸妈的指令，甚至会有点想要挑战爸妈的底线。

6 岁：长大了，不想被控制

学龄前的 6 岁孩子，因为行为能力更强了，想要探索的范围也更大，相对也更容易闯祸、惹麻烦。这个阶段的孩子正是“控制冲动”能力的发展阶段，又有着冒险犯难的精神，所以当爸妈说“不要碰”时，他想的是“碰一下又不会怎样”。这时如果爸妈还一味禁止，他当然不听！

8 岁以后：做不被允许的事情很刺激

学龄期的孩子已经开始有逻辑思考的能力，会想很多问题，也希望得到爸妈或老师的肯定，但他又有一种赌徒心态，想尝试一些无伤大雅的坏事，享受刺激感。在他心里，总是有个声音告诉他：“做做看，反正不一定会被抓到。”

别被激怒！孩子故意唱反调，父母反而要冷静低调

明知故犯孩子的分龄教养沟通术

年龄	解决策略	亲子沟通术
2 ~ 4 岁	放轻松	先强调最重要的事情（攸关危险，就要用严肃态度让他知道）
5 ~ 8 岁	有弹性	事前跟孩子沟通，提供选择权，让他获得做决定的权利
9 ~ 12 岁	要信任	相信孩子，多赞美努力成果，放手让他计划

有没有发现，孩子产生故意行为时，如果我们在气头上用威胁、恐吓或打骂的方式教养他，经常徒劳无功。下次或下下次，孩子仍然故态复萌，大人总是不能理解，为何“孩子明明知道做了会被骂、会被处罚，却还是照做？到底怎么回事呢？”

在上段里，我分析了孩子故意行为背后的想法。你要知道，每个阶段的孩子，明知故犯的原因都不太一样，爸妈到底应该要怎么做，才能化解亲子关系陷入僵局的困扰？

2 ~ 4 岁的故意心态是“实验心理”

这阶段的孩子好像总是故意捣蛋，教他认识三角形，一次说对了以后，下次他却故意说成四角形；又或者，告诉他“这是米奇”，他偏偏就要用邪恶的眼神看着你，然后说出“米古、米香、米花”等五花八门的词，等你纠正时，他又笑得很开心，真的非常故意！

其实有些孩子故意跟你捣蛋，只是想实验一件事：他想确认父母说的并不对。很奇怪的，每次当我们说出：“不要跑，否则会跌倒！”有时他就只会回头看看你，然后继续跑，但却不会跌倒。这时，孩子心里想的是：“你骗我，我才不会跌倒呢！”所以，如果家长一直重复这些唠叨的话，等他

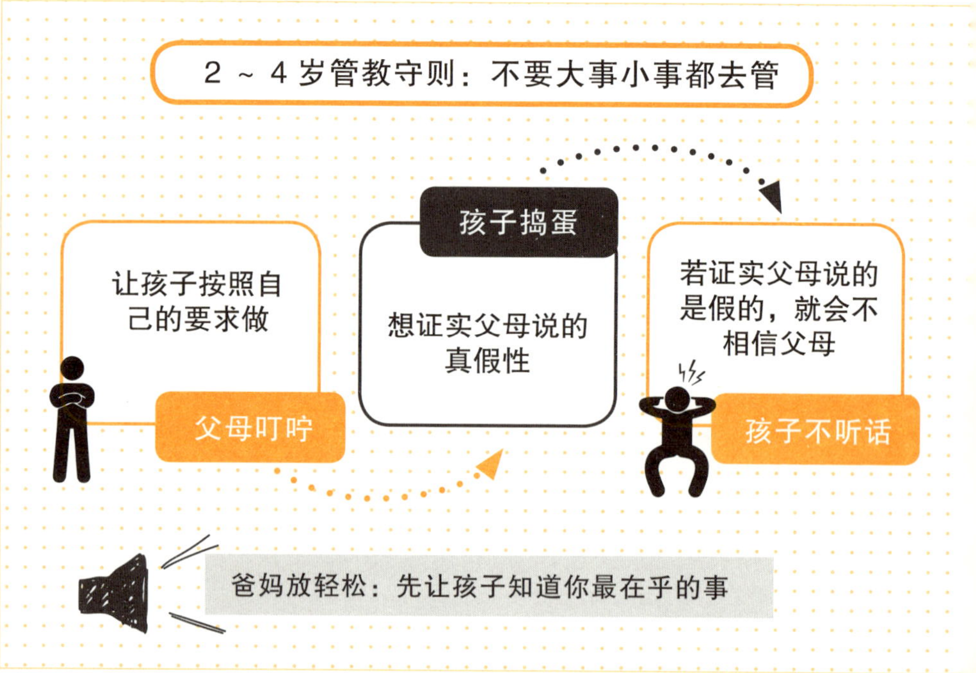

实验后发现你说的不见得是对的，以后就会觉得你说的全都是假的，然后就愈来愈不听话、愈来愈故意捣蛋。

遇到这种情况，解决策略是要更放松。2 ~ 4 岁的孩子还不懂道理，如果你很认真跟他说教，那你就输了！换言之，如果连这点小事父母都不放松，你真的会累坏！毕竟教养是条漫漫长路，中庸之道就是“刚刚好”，管得太紧或太松都不好。

那么，要如何放松？**我建议只要管你认为最在乎的事情**，也许是安全问题、也许是与健康有关的问题，千万不要让 10 件教养事，件件都是重点事，这样一来，当遇到你真的想特别强化的规矩时，孩子怎么能区别出呢？

5 ~ 8 岁的故意心态是“寻求认同”

5 ~ 8 岁的孩子已经可以开始跟他讲道理了，他能感受到旁人的情绪，也知道自己想要什么。在这个阶段，他已经觉得自己能做好任何事情，因为他长大了，已经很厉害了；另外，他还会觉得自己这样做一定是对的，怎么会出错？又或者，这时是孩子自我感觉良好的阶段，他会觉得自己什么都做得到，所以想要争取你的认同。这个阶段请爸妈多给他一点弹性，以及更多赞美与回馈，让他更有自信。

不要和孩子硬碰硬，什么都想掌握在自己手上，这只会让亲子关系更不愉快。建议可以事前跟孩子沟通，提供你认为可行的 3 个选项，让孩子从中选择，孩子自己做决定。

爸妈常常会在教养中忘了弹性，比如，你要求孩子不能在家里打球、不能打弟弟，但却没理解他想打球的原因，或

5 ~ 8 岁管教守则：不要和孩子硬碰硬！

父母常做错	孩子唱反调原因	开放式沟通
· 认为孩子还没长大 · 让孩子直接听大人的 · 用气急败坏的语气教小孩	· 不想被觉得幼稚 · 相信自己是对的 · 被误解而急着辩解	· 减少命令语气 · 听听孩子怎么说 · 跟孩子说自己曾犯过错的经验

爸妈放轻松：不要和孩子硬碰硬，适当给孩子一些选择权

是关心他为什么会打弟弟。事件背后或许隐藏着他想活动但无处可去，又只是想跟弟弟玩却被贴标签说他打弟弟的情况。

如果你跟孩子每天都为了同一件事情而失去理智，那就更需要找时间好好跟他沟通。因为教养不能求快，更没有快速的解药，也无法一个口令一个动作，更不能用言语或行为以暴制暴，否则，你自以为的教养，只是让孩子学了不当的做法罢了。

9 ~ 12 岁的故意心态是“为什么要听你的”

中高年级的孩子，已经有了独立思考的能力，慢慢开始觉得爸妈的说法无法说服他，也觉得爸妈总是在命令他，不让他做这做那；甚至认为自己已经懂很多了，爸妈的想法早就不符合时代潮流，太古板了。

这个阶段的孩子已经慢慢长大了，如果你还是认为他总是在针对你、反抗你，你一定会更生气。当你愈是这样想时，亲子间的互动，教养的效果就会愈来愈偏差。我反倒建议，这时要懂得信任孩子，相信孩子的能力。

我常常发现，来诊的父母有时虽然无心，表现出来的却是处处质疑孩子的能力。比如，孩子考试考得好，亲子对话却说：“是不是这次题目很简单？”又或者，当孩子好不容易画了一张很厉害的图画时，却回应：“这该不会是用描的吧！”诸如此类质疑孩子能力的话语，千万不能说，这只是用负面的行为举止来怀疑孩子，反倒强化了孩子更故意的行为。

孩子明知故犯，四种沟通技巧！

四种对话技巧，纠正孩子的故意行为

1	改变教养话术，不要一味限制	→ 用正面的词语来陈述规则
2	以同理心应对孩子的需求	→ 先说“我知道你想要，但……”
3	没得选择，孩子不会想听你的	→ 给“不行、不可以”以外的选项
4	肯定孩子的表现，让他感觉得到重视	→ 没有犯错，就要给予语言鼓励

教养的真相 → 看到孩子“明知故犯”，大人就想控制他；但最该做的是——了解冰山底下的他。

5-4 觉得自己的事无关紧要的孩子：为什么总要妈妈生气才会动

这样的对话，是不是很熟悉？“今天还有什么事没做？”“是不是有什么功课还没有给我检查？”“明天要用的东西都带了吗？”不管我们问什么，孩子总是回答不知道，一副事不关己的态度。

> 孩子事不关己的态度，是因为他觉得妈妈提醒的事不重要！

是不是总觉得自己对孩子的叮咛，孩子摆出的永远都是事不关己的态度？不管怎么教、怎么处罚，每一天都在重蹈覆辙！周而复始地挑战底线，真的让妈妈很生气！许多妈妈都跑来问我，究竟有什么办法可以改变孩子散漫的行为？

引导事不关己态度的小孩，爸妈要先给自己以下五大观念。

观念 1：明确让孩子知道哪些事是自己应尽的本分

和孩子互动，不要总是在第一时间就用命令式语气，这样孩子会更被动。如果父母总是告诉孩子“顺序、步骤、时间”，那孩子的生活方向感就会更差，也不会内化感觉这件事是自己该做的事，而是很容易将“我要做这件事”，归结为“我被要求这样做”，或者“我要做这件事”，是因为“妈妈很生气，所以要赶快做”，而不是“我自己应该要做这件事”。

五个观念，扭转事不关己的散漫态度

观念 1	明确让孩子知道哪些事是自己应尽的本分
观念 2	孩子很小的时候，就该让他找到可以独立完成的事
观念 3	没给孩子承担后果的机会，他不会记住该做的事
观念 4	不会计划的孩子，生活当然乱七八糟
观念 5	告诉孩子，为自己负责不分大人和孩子

孩子不在乎，是因为“总是被家长命令”

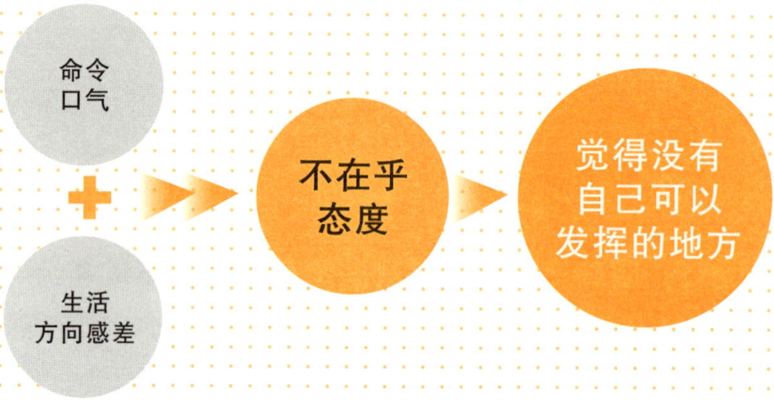

观念 2：孩子很小的时候，就该让他找到可以独立完成的事

从生活中做起，当孩子六七个月大有“给”的观念开始就可以开始训练他自己分内的事自己做了。例如，副食品不吃了，要拿给妈妈，而不是不吃就直接扔掉。大一点的孩子，吃完水果，就该自己把餐具拿去洗。

把该做的步骤完成，就是一种负责。两三岁的孩子，在拥有自己专用的外出包包后，里面可以简单放一两样外出会用到的东西，像是水壶、玩具之类，让他自己去管理，这是开始练习记得自己分内事的第一步。五六岁的孩子，爸妈就应该要求他，自己去准备玩具分享日的玩具，记住带出去多少玩具，还要记得带回来。

分龄妙招，带孩子为自己负责

六七个月	两三岁	五六岁
建立“给”的观念	自己整理外出用品	把玩具带回家

观念 3：没给孩子承担后果的机会，他不会记住该做的事

幼儿园老师常分享，当问孩子今天为何没有穿运动服来学校时，孩子几乎都会回答：“我妈妈没有帮我穿！”结果

这群孩子升上小学后，隔天如果要穿运动服，还是要妈妈提醒，一点都没有因为年纪增长而使记性变好，这都是从前没有承担后果的结果。承担后果虽然很丢脸，但是能让孩子记住，也能让孩子知道这件事是自己的责任，避免长大后变得无所谓。

观念 4：不会计划的孩子，生活当然乱七八糟

有一些孩子，回家之后好像什么事情都跟他没关系。仔细观察这些孩子，你就会发现，他其实是不会计划自己接下来要做些什么。要改变这类孩子，爸妈需要先陪着他，将常

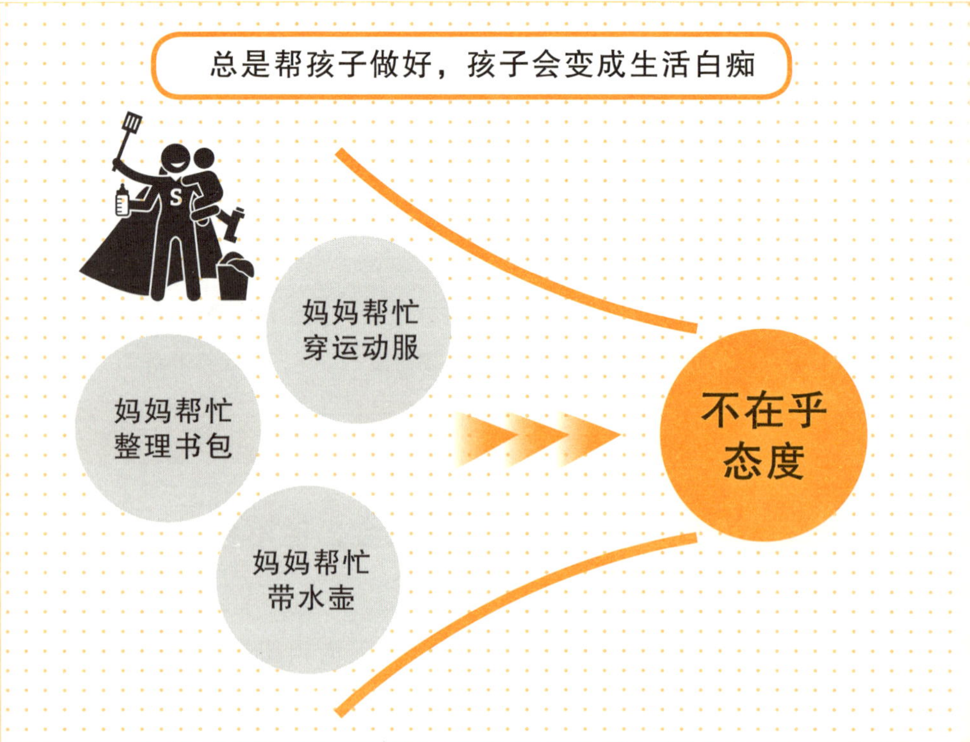

规生活结构化，与孩子一起讨论并制作生活作息表。例如，回家后就列出放学到睡觉前该做的五件事，并和孩子讨论，排出先后顺序及预估花多久时间，家长也仔细聆听他的计划表，从旁修正引导。

观念 5：告诉孩子，为自己负责不分大人和孩子

很多孩子会抱怨，为什么都只有我们孩子在做事，你们大人都不用做事。这一类小孩的爸妈，平常没有让孩子知道大人肩负的责任有多少，所以孩子会跟爸妈计较公平，而没有尽好本分的动机。父母要试着跟孩子沟通，用口头的方式让孩子知道，“妈妈今天上班虽然很累，但下了班回来，还是有该做的家务要做，做作业跟整理房间就是你的事，每一个人都有自己该做的事”。

有些孩子也会常常回嘴，“为什么一定要今天做？”“明天收玩具不行吗？”“明天再做英文培训班的功课不行吗？”大人这时候需要教，如果每一天的事情，都不按部就班完成，你的作业就会愈来愈多，到时候一定会产生更多的抱怨，更可能做不完。

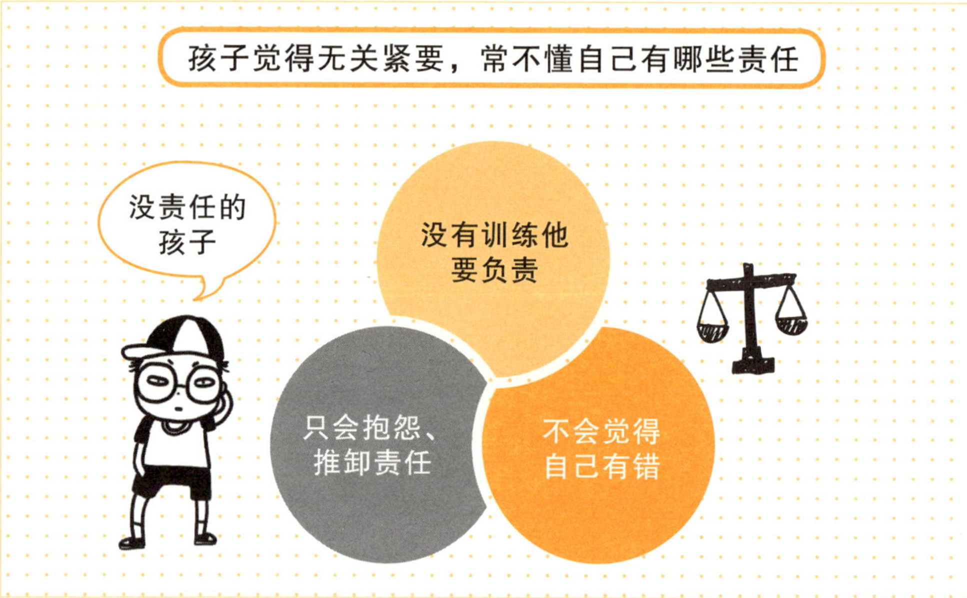

孩子不会规划，父母怎么教？

很多妈妈抱怨，“孩子自己东西找不到，都要妈妈来找”“孩子好像少根筋，老是忘东忘西的，要人家提醒”“考试的题目不是不会写，而是漏掉一大段，平白扣了好多分，气得爸妈快吐血了”“回家，该做的事不做，凡事都等一下，好像时间很多的样子，搞到最后又做不完”。

你家也有这样漫不经心、凡事都觉得无关紧要的孩子吗？很多妈妈都会问，天呀！我的孩子到底是哪里有问题呀？其实，他们最大的问题就是“组织计划能力不足”。

组织计划，并非到小学以后才需要训练，其实，从3岁开始，就该培养孩子这项能力了！

第一件事：分类

3岁就应该开始学习分类，这边的分类不是要你去买一堆坊间的教具，而是从生活中的分类开始教起，譬如说家里的袜子，每一天洗完了以后，不是都混在一起吗？可以训练3岁的小朋友，甚至2岁的小朋友，把一样的袜子找出来。

分类的概念也可以衍生到玩具分类，经常听到爸爸妈妈抱怨，“孩子都不收玩具”，这是因为爸妈都只教“收”，

学分类，为孩子的组织计划力打下基础

2 ~ 3 岁
家里的袜子分大小、花色找出来

3 ~ 4 岁
为每个玩具安排自己专属的家

5 ~ 6 岁
自己的包包，不同夹层要放什么

对孩子而言无趣没挑战。把所有玩具都放到一个箱子里，这种“收”是初阶概念。对于 3 ~ 4 岁以上的孩子，不该只有收，要开始分类，让玩具有自己的家，譬如拼图有拼图的家、汽车有汽车的家、玩偶有玩偶的家……

你可能会觉得，这重要吗？这很重要，一个没有习惯将身边事物做分类的孩子，长大之后，容易成为一个凌乱、慌张的人。想想，你身边有没有这样的大人呢？桌子、抽屉乱七八糟，常常找不到东西，电脑档案一堆，没有习惯分类，常常找不到主管要的那份文件，在那边手忙脚乱。因此从小培养分类的概念是很重要的。

第二件事：独立

从幼儿园开始，就该给孩子一个属于自己的柜子，而且这个柜子里最好还有许多隔层，接着爸妈开始引导孩子，哪

带着孩子收玩具，是训练他独立自主的好起点

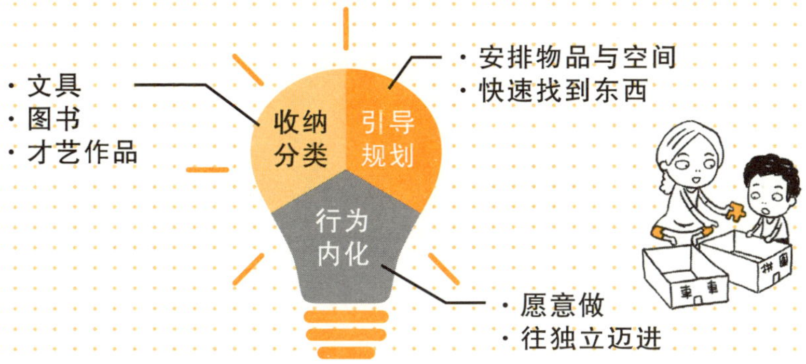

些东西可以收在同一个格子里，例如，文具、画笔、贴纸放一格；图书馆借书放一格；才艺作品放一格……

这个阶段已经不是只教分类方法，而是引导孩子思考规划，他可以安排自己的物品与空间，我们不需要控制他，而是告诉他“这样子的分类对你比较便利！”“你找的时间会变短！”“不信你试试看！”在孩子学会规划后，爸爸妈妈也要适时验证，请孩子先取出在图书馆借的书来阅读，当孩子很快拿出来时，就跟他说：“这一次找得好快呀！这是因为你把东西收得很好，让它住在自己的家里。”当孩子听到你具体的称赞后，他会觉得“原来这样的分类是有好处的”。当这种行为被内化后，他就会愿意去做，这样对他们发展独立自主的人格，有良好的效果。

第三件事：计划

我自己的孩子，从中班便开始做计划了。假日时，孩子总是有很多事都想做、很多地方都想去，我会让两兄弟先想想怎么规划才有可能达成，真的不行，就需要自己懂得取舍。兄弟两人有一个白板，他们会把想安排的事写下来或画出来，视觉化的呈现，也能让自己反复确认是否有漏掉的地方。

对于现在已经小学二年级的哥哥，我们会更进阶讨论到时间的安排。例如，如果我们想要在儿童乐园开园时就进去玩，要几点出门呢？一开始，你可能会发现孩子其实都没有这样的概念，在实际沙盘推演一次后，哥哥会知道儿童乐园早上9点开园，从家里出发搭公交车到儿童乐园需要45分钟。当他比较有概念后，他就会知道若想一开园就到达儿童乐园，必须在8点15分前出门。这时再问他我们几点前吃完早餐，才能顺利出门？是8点15分吗？聪明的爸妈，你知道问题在哪里了吧！孩子不会想到穿鞋、刷牙等事情，这些都需要经验的累积！因此，要孩子上紧发条做好自己想做的事，必须一步一步带着孩子思考，才能让他真正学会计划行程。

完成后打钩，让孩子体会成功的乐趣

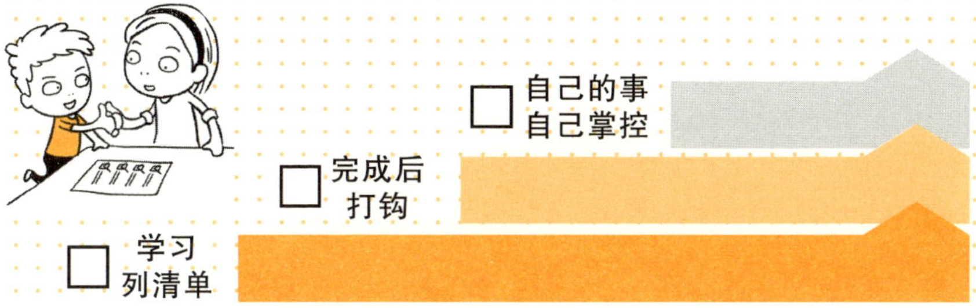

对于时间概念还没这么成熟的弟弟该怎么做呢？我们会鼓励他先把想做的事画下来，不论画得像还是不像，这都是他的计划表。孩子每完成一件事情就打勾，这对孩子而言很有成就感，他会发现原来他一天可以做这么多事，跟大人一样，也是有工作任务的！用这样的方式，让孩子去思考什么事是自己的事，自己事要能自己掌控。你说说，这样他还会再摆出一副无关紧要的态度吗？利用视觉化的呈现，也能间接让孩子养成再确认的习惯。这不也是一种学习吗？

第四件事：规矩

这个阶段最重要的是教孩子养成“用完的物品就要放回原位”的习惯。首先大人要先养成这个习惯，孩子才会做到。每当孩子用完物品的时候，就要请他赶快放回原位，这时前面提到的柜子就又派上用场了，用完剪刀，剪刀就应该回到它的家；用完好宝宝的章，好宝宝章就应该回到它的家。养成好习惯以后，孩子的很多东西都可以物归原位。你就不会常常听到“妈妈，我的 XXX 在哪里？”“妈妈，你帮我找找我的 XXX！”

家长们总是好奇为什么孩子在学校有这些能力，回到家以后就都丧失了，那是环境的问题啊！我们应该要创造一个可以让孩子去分类、收纳，而且可以奖励他、鼓励他的环境。学校教育跟家庭教育若能一致，孩子就会养成好习惯，到了小学以后他就会计划他自己的时间、计划自己的空间了。

一个没有组织与计划能力的孩子，你会发现他也不细心，长大之后的课业表现不会特别突出，这是因为他不会分配时间、不知道念书的重点在哪里，因为他不懂得什么叫做检查或再确认，因此漏东漏西、忘东忘西、找东找西这样的人格特质，可能会一直跟着他。

规矩没有建立起来，孩子怎么可能会自律

建立规矩　学会分配与收纳　养成谨慎、仔细、检查的特质

教养的真相 学不会自主规划，无关紧要的人格特质就会一直跟着孩子。

6 冰山下的对话：自我、固执、不听话的真相

6-1 常怪别人的孩子：孩子迁怒，需要的五情教育

现在很多孩子很自我，例如，总是抢别人的玩具，想要的东西马上就要得到，强迫别人一定要理他，不然就生气等。在同理心还没建立的阶段，虽然这是正常的现象，但太过自我的话也要靠后天慢慢矫正，不然孩子就会变得很不听话。同理心比孩子的成绩更重要，是未来成功人生的要素。

孩子的同理心，需要大人提早教

孩子在学龄前，爸妈就可以训练他们负责身边事务了。记得曾有一次带孩子去餐厅吃饭，老大回我：“爸爸你不是常说吃饭要慢慢吃，才 20 分钟而已！”老二也说：“我也还要吃，我的味噌汤都还没喝完呢！”

我当时是这样回答的：“你们说的都对，但你们边吃边玩时，也请你们看看外面大排长龙的队伍，每个在等的人，肚子一定都很饿。还记得有次我们等一个小时的经验吗？那时肚子饿着等待的感觉如何？”老二回我：“很饿很饿，然后开始生气。”而老大一语不发的，就低头开始吃了起来。

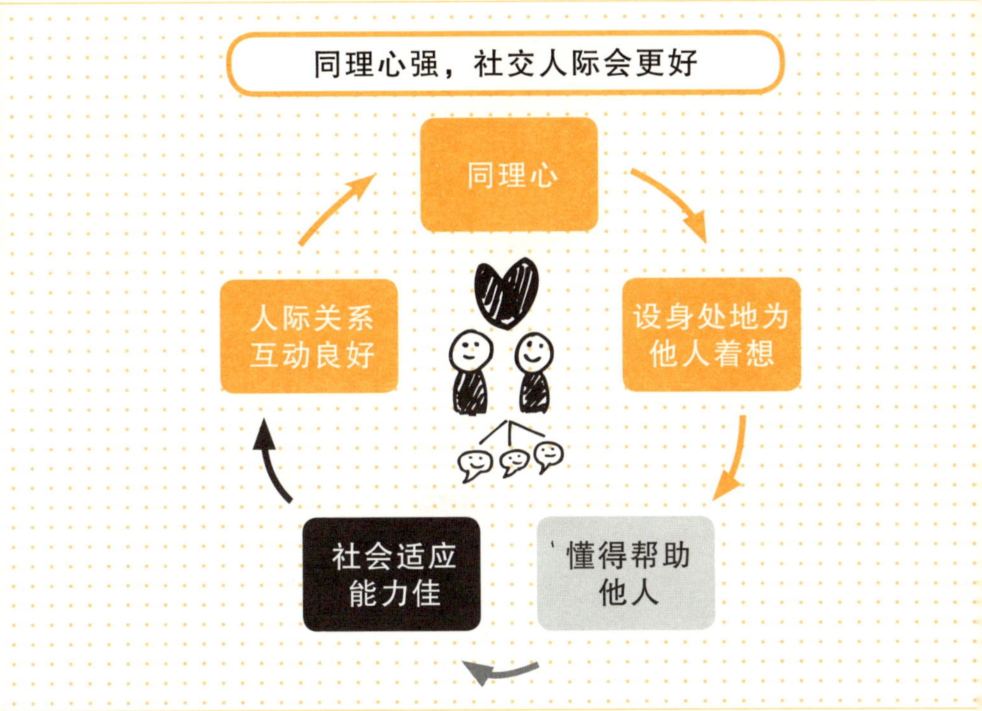

其实，培养一个会讲道理的孩子并不难，但要教出一个有同理心的孩子却很难。

只会讲道理的孩子，虽然说话头头是道，但却不会想到旁人，只想到自己；有同理心的孩子，在想到自己的同时，也会想到别人，这样的孩子愈大愈体贴，是真正的懂事。

一个人与生俱来就有理解他人的能力，最简单的例子，就是当婴儿听到别人哭时，自己也会开始哭。有研究发现，那些会跟着哭的婴儿，长大后可能会有比较强的同理心。甚至有儿童行为学发现，只有 14 个月大的宝宝，就已经会尝试主动帮成人拿取物品，幼童还会对帮助他人的成人表现出更多的好奇与喜爱。

而且，**愈有同理心、愈懂得帮助他人的孩子，日后会具备愈好的社会适应能力与人际关系**，无论是在学校、社会或职场，他们都会有较好的表现。这跟体能、智能不同，同理心是需要学习的，而让孩子设身处地地站在对方的立场去体会别人的心情，必须要经过成人的解释与教导才可以。

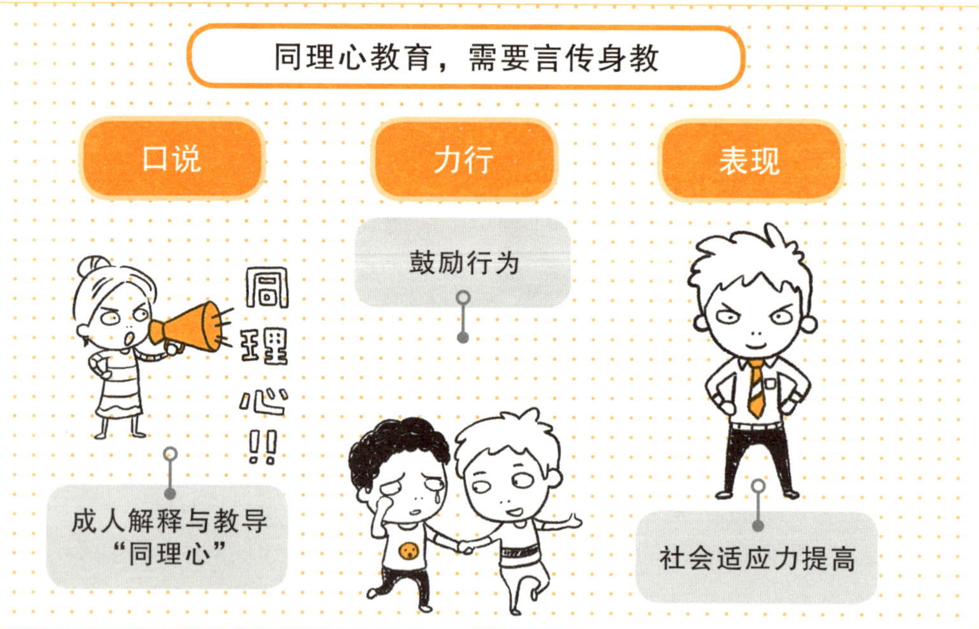

不光提醒孩子“不可以”，同时也要培养“同理心”

有一次我带孩子们去郊外踏青，现场有鱼池可以让孩子喂鱼，于是，我给兄弟一人买一小盒饲料。哥哥喂完后，跑来跟我说，他还要再买一盒来喂鱼。当时我和妈妈异口同声地说：

“不可以，刚刚不是说好一人一盒吗？”这时孩子情绪上来，生气地说：“就再投 10 元的饲料就好啦！”眼看要是再多说一次“不可以”，亲子间的战争就要爆发。

后来，我们夫妻决定蹲下来看着他说：“你看看，假日游客那么多，每个小朋友都买饲料来喂池塘里的鱼，它们都已经不吃了。换作是你，如果你已经吃不下了，爸爸妈妈还一直喂你，你会喜欢吗？你想想你已经吃饱了，我还摆了 3 碗饭在你面前的感觉。”孩子连忙摇头说：“那很可怜，不要了。”

教育的关键，并不是要孩子变得多优秀，而是要让孩子成为一个能同理别人的人。很多爸妈都会担心，孩子虽然能头头是道地讲道理，但说出来的话或做出来的事情很伤人，又没有感情。同理心的教育也是情绪教养最重要的部分。

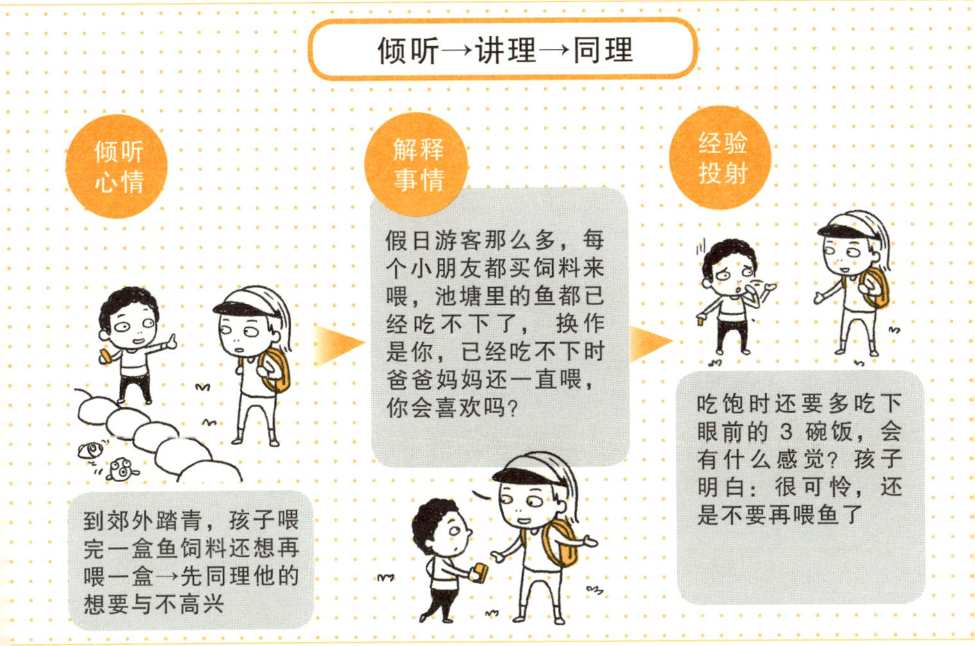

现代父母该学的“五情教育”

帮助孩子培养五情

1. 父母以身作则，成为孩子的榜样
2. 引导孩子认识情绪
3. 鼓励孩子说出自己的感受
4. 多让孩子接触人群
5. 在游戏绘本中互动，学习同理他人

五情教育，孩子成长发展的关键教育

五情教育是指同情、亲情、表情、友情与温情教育，这些是孩子成长发展的关键教育，也是培养出能体谅别人、能感动别人的重点。那么，父母要怎么做呢？

父母以身作则，成为孩子的榜样

2 ~ 5 岁是发掘与培养孩子同理心的黄金时期，应该多让孩子与同龄小孩接触，在与同龄人的矛盾（哭哭闹闹）中，明白别的小朋友也有自己的爱好与喜怒哀乐。

另一方面，父母是孩子成长的榜样，所谓“言传不如身教”，道理说得再多，都不如父母以身示范来得有效。尤其现代父母多是“低头族”，或用手机教小孩，不但大部分时间都耗在手机上，也忽略了亲子间的亲密互动。当孩子需要父母关心时，却受到冷落、忽略，自然会造成孩子情绪上的起伏与不安。孩子的情绪若不稳定，心情就愈糟糕，愈会把注意力放在自己身上，变得凡事只想自己，从而忽略周围的人与事。

引导孩子认识情绪

在教导孩子懂得体谅别人的感受前，首先要让他认识不同情感的意义。爸妈可以针对小孩的行为来说明，解释每个行为带来的情绪反应。例如，当孩子替你受伤的手指“呼呼”时，你可以说：“你帮我‘呼呼’，好体贴呀！”小孩就会从你的反应知道自己的行为得到认同。

负面的情绪也需要有人理解，所以不要害怕指正小孩的不体贴行为，你可以温柔坚定地告诉他：“你刚刚说话的口气很凶，妈妈很伤心、很害怕。”要清楚地让他知道，这种行为会带给别人不同的感受。当然，也可以通过游戏或绘本帮助孩子了解各种不同的情绪。

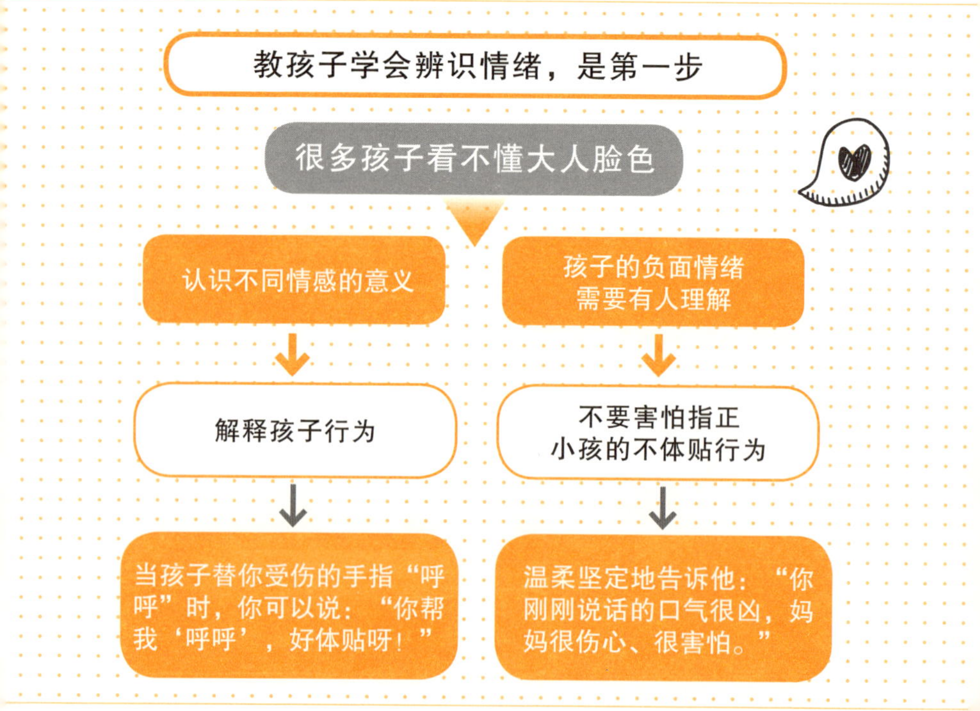

鼓励孩子说出自己的感受

孩子或许不懂每种情感背后的原因，但当他们说出自己内心的感受时，父母必须认真听，让他知道我们很在乎他的感受。若年幼的孩子说不出感受时，也可以用情绪卡，鼓励他们说出当时的感觉。平日家长自己也可说出对孩子的感觉，让他知道成人一样有情绪，如何去应对负面情绪更是必须学习的课程。

生活中也可多与孩子讨论、沟通，帮助他了解情绪与感觉的不同，**同理心的表现过程就是先具备察言观色的能力，接着再解读对方的情绪，最后才能产生同理的行为表现。**

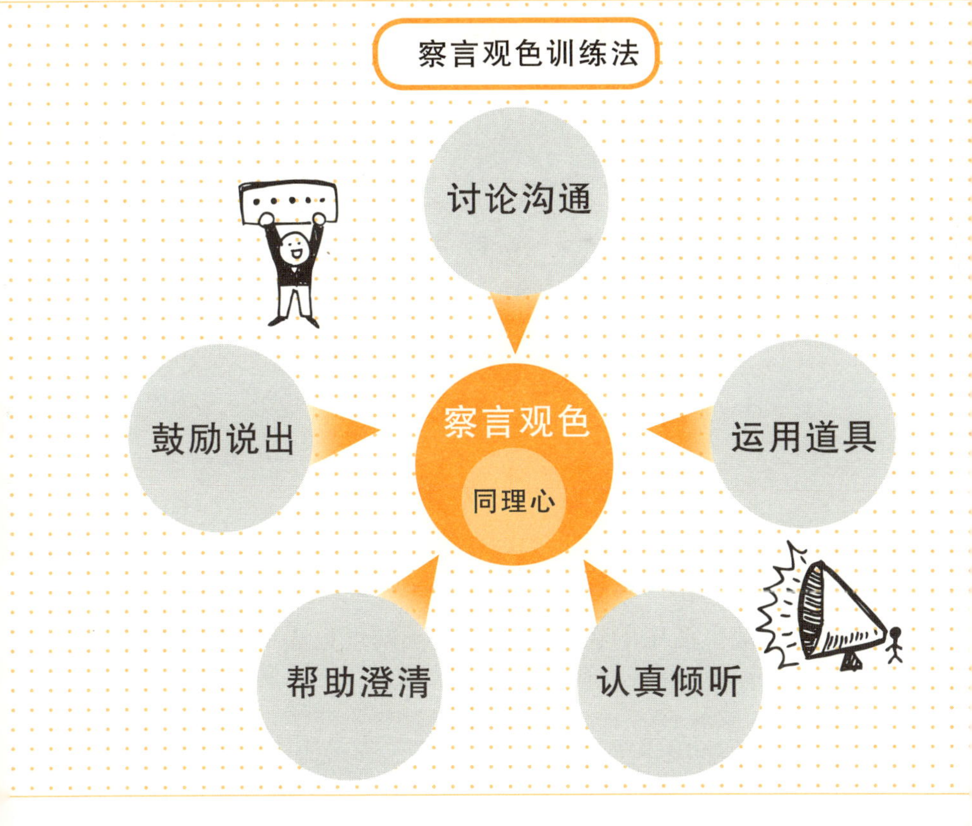

多让孩子接触人群

多让孩子与人群接触互动，从生活中累积同理经验，也是个好方法。

平日可多带孩子去公园、亲子馆，当孩子观察到其他小朋友因玩不到游乐设施而难过时，你可以帮他描述出感觉，比如："我想那位小朋友玩不到游乐设施一定很难过。"

通过日常生活中的经验，引导孩子同理他人的情绪，当他日后遇到类似状况时，就能运用过往的经验，建立起同理心。

在游戏绘本中互动，学习同理他人

有些小朋友的自我中心意识很强，爸妈可运用绘本来教导他认识感觉，通过角色扮演游戏，让孩子学习站在他人的立场思考问题。角色扮演游戏是培养同理心最好的方式，例如，孩子与玩偶进行角色扮演时，借不同角色间的对话与互动，孩子可以有机会转换不同角色，练习以他人立场表达感受。

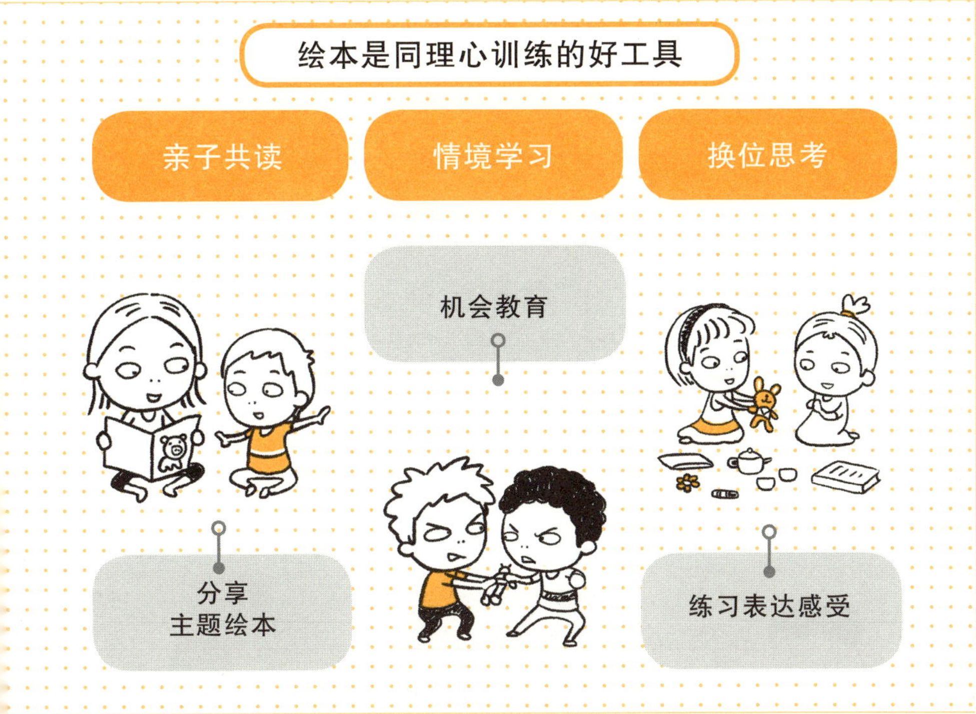

教养的真相

“只要我喜欢，没什么不可以！”这样说的孩子，太过自我。同理心教育，是孩子变成熟的重要一环。

6-2 无法抵抗诱惑的孩子：三阶段训练孩子自制力

美国研究发现，3 岁半的孩子，如果从大人那儿学来的是“不遵守约定”“说话不算话”，那么，接下来他就会变得更执着于立刻得到满足，也会常听到他说：“我说要，就是现在要！”被这样教大的孩子，长大后会变得不能等待、自制力差，而且物欲很高。

大人说话不算话，孩子就会不遵守承诺

棉花糖实验，看出孩子的自制力

《每日科学》曾做过研究，幼儿在 2 岁前的行为深受基因影响，但当满 3 岁后，自我控制能力就与所处的环境有莫大的关联性，自制力会受到父母的教养方式的影响。原来，**孩子能不能控制自己，深受大人的教导影响。**

在《棉花糖实验》一书里，心理学家沃尔特·米歇尔（Walter Mischel）提到著名的棉花糖实验，也可以称作延迟享乐实验。研究人员给幼儿园儿童棉花糖，同时也给了他一个选择："你可以立刻吃掉棉花糖，或者可以等我回来后再吃。不过如果你等到我回来后才吃棉花糖的话，我会奖励你，再给你 1 颗棉花糖。"

研究人员持续追踪这些参加实验的孩子，发现愿意等待的孩子，在他们 14 岁时不但社交能力较高，自信心较强，也有较高的专注力、抗压性也较高、行为举止都较理想，当然学业成绩也都优秀。

虽然后来有科学家认为，棉花糖理论的研究设计不够严谨，但我在教育现场发现，愿意等待的孩子，的确学习效率较高，行为问题也较少。因此训练孩子的自制力非常重要。

有趣的是，另一个由美国心理学家基德（Celeste Kidd）所设计的新棉花糖实验（赛局教养法），也有不同的发现。在进行实验前，先让每位受试儿童有时间判断这个研究人员是否值得信任，结果发现，对研究人员感到失望的组别相较于遵守承诺的研究人员组别，受试儿童平均等待的时间短了 3 分钟。这意味着，3 岁半的孩子，就已经学习到："如果大人不遵守约定，那么我就该执着于需求的立即满足。"

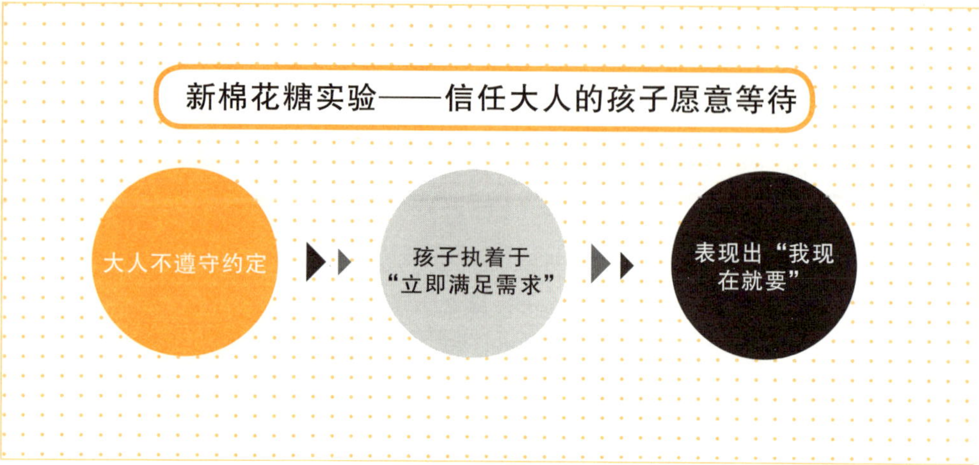

自制力不足，容易跟风，被流行绑架

其实不只是小孩，包括你我，以及其他的父母，都应该检视一下自己的自制力。自制力不足的人，很容易迷失在冲动与情绪激动之中，后果就是，很容易被人情绪勒索。

商人最喜欢利用的是“大家都有，我也要有”心态。在看了名人或主播的分享后，发现“咦！这个商品好像很多人买，这么多人买应该真的很好吧！那我也买来试试好了。”结果下单后，却发现买回来的其实不适合，于是，家里就积满了成堆的用品。

跟许多父母一样，我也曾经用奖励来鼓励孩子好的表现，答应他只要有好的表现，就可以到书店买他最爱的贴纸，书店的贴纸单价都不便宜，但因为是奖励，孩子很开心地买回来后，通常很快就贴完了。每次我都会跟他讨论沟通贴纸的价值，1 ~ 2

自制力不足，会迷失在情绪风暴中

运用渐进法，分阶段建立孩子的自制力

阶段一
用奖励鼓励孩子好的表现

阶段二
累积小奖励额度，换取更大的奖励

学习自制力的“前额叶”，
需要家长帮孩子用心塑造

次后，我觉得应该可以引导孩子思考，是不是可以等待、用累积来换大礼。

有次我跟孩子沟通："其实买两次贴纸的钱就能买大富翁桌游，而且桌游可以很多人一起玩、一直玩，不像贴纸一下子就贴完了。"孩子想了想，真的决定这次不买贴纸，省下来等到下一次买大富翁。隔一段时间后，我再问他，他对自己当初的决定也感到很开心。

我要说的是，每个人天生都具有自制力，因为我们的大脑具有优于其他动物的"前额叶"，它是自制力的神经生物基础。但**自制力需要你的塑造，否则前额叶是不会自然形成自制力的**！

孩子交不到朋友，会用物质换友谊

孩子进入幼儿园后，就会愈来愈重视同伴，不只想交朋友，也在乎朋友怎么看他。5岁以上的孩子，社交发展已经进入"友谊建立期"了，他会想跟同学一起玩，也希望同学找他玩。甚至会有一种情绪"同学有的，我没有就跟不上别人"或者是"我有同学没有的玩具，代表我比较厉害"的优越感。拥有玩具对他来说，是一种可以立刻融入群体且获得优越感的超级重要的"社交神器"，怎么能少呢？

只是，当孩子经常抱怨"我没有朋友"或"只有谁谁谁是我的好朋友"时，买个指尖陀螺给他，就能帮助他远离社交窘

境吗？答案也许是肯定的，但这种关注只是昙花一现，来得快去得也快，孩子并没有真正学会获得友谊的内在关键，可能过一阵子，他又吵着要买更高级、更炫的玩具了。

5 岁孩子要发展出的五大社交友谊力

1. 同理心：知道“己所不欲、勿施于人”
2. 互助力：知道我现在牺牲一下自己的小利益，可以让群体获得利益，包括我自己
3. 沟通力：知道沟通可以达成共识，打架吵架的结果通常会使双方利益都受损
4. 权威感侦查力：能够理解群体内是否存在“权威者”，例如，老师或父母，进而配合权威者的期待
5. 自制力：在没有权威者的环境中，能够根据一些简单社交原理，控制自己的行为，比如不伤害别人，也懂得保护自己

教养的真相

3 岁半的孩子，就已经学习到：如果大人不遵守约定，那么我就该执着于需求的立即满足——喊出“我现在就要”。

6-3 连“警告”都不怕的孩子：父母该如何处罚

我们常说对孩子要用“爱的教育”，“温柔而坚定”的语气，去理解孩子的感受，而不是毫无理由的坚持。但实际教养时，很多父母总是免不了用吼的，才能让孩子听话，吼完了，父母又很后悔，因为“他只是个孩子”，到底该怎么办呢？

> 不要帮孩子找借口，
> 温柔而坚定是
> 建立规矩的不二法门

当全家人在餐厅用餐时，孩子却不听劝地跑来跑去，怎么说都不听，这种情况下，该如何做到“温柔而坚定”呢？

无论是自己的孩子，或者看到别人家的孩子在餐厅里跑来跑去，大人多半都会受不了。很多人会说：“他只是个孩子嘛！干吗那么计较！”但这想法并不正确，就算孩子再怎么小，都有一些规矩需要建立，大人不能一直帮孩子找借口，否则，只会让他日后成为缺乏自省能力的人。

步骤 1：事先预告

带孩子外出去餐厅用餐时，出门前一定要先预告，如果不预告的话，他不会知道接下来要去哪里、会遇到什么事情、会发生什么状况。毕竟他还小，经验不足，不能事先设想餐厅的情况是什么样的。这种时候，我会事先告诉孩子：“待会儿去吃饭的地方不是亲子餐厅，会有很多人端汤、端菜，如果在那里乱跑的话，很可能会被烫伤。我相信你到了餐厅之后，一定会乖乖坐好。”

很多家长也会预告，但预告的内容却是：“等一下进餐厅后，你不要乱跑，如果吵闹的话，我会修理你！”这句话乍听之下也是预告，但认真听起来却是警告，也没让孩子知道，为什么你不希望他跑。父母在跟孩子沟通时，一定要把话说清楚，

教养状况题：预告≠警告

预告式口气

待会儿要去一家餐厅吃饭，会有很多人端汤、端菜，如果在那里乱跑的话，很可能会被烫伤。我相信你到了餐厅之后，一定会乖乖坐好

警告式口气

等一下进餐厅后，你不要乱跑，如果吵闹的话，我会修理你！

要完整地告诉孩子：“我是不希望你受伤，或造成别人困扰，才不让你跑，而不是想限制你。”

步骤 2：再次提醒

别以为事先预告后，孩子进了餐厅就会如你所愿地乖乖坐好，大多数的孩子到外面就像脱了线的风筝一样，还是三不五时地跑跑跳跳，这时候该怎么办呢？我会用坚定的语气去提醒他（请注意不是生气的口吻）：“孩子，妈妈不是跟你说过不可以跑吗？你看着妈妈，你现在还要跑吗？我们一起约定的事情，你为什么没有做到？”

在提醒的时候，我一定会握着他的手跟他四目相对好好地说，提醒他这件事是我们约定的，而不是限制，这样可以让他

教养状况题：用坚定的语气提醒孩子

坚定行为	握着孩子的手，跟他四目相对好好说话
坚定语气	妈妈不是跟你说过不可以跑吗？你看着妈妈，你现在还要跑吗？我们一起约定的事情，为什么没有做到？

自省，认为自己“确实是没做到约定的事”；不要用生气的语气谩骂，光说一些要修理他、要走了、再也不带他出门等的话，这些话一点帮助都没有。

步骤 3：制订处罚方式

如果做了上面两步骤，孩子还是乱跑呢？记得要先制订处罚方式。好比说，刚才用四目相对的方式说完“你现在还要跑吗？”那一段话后，接着就要制订处罚方式，“如果没有做到我们的约定，等下你就必须要到旁边罚站，或者回家后少看一个喜欢的影片、少了一个下次一起出去玩的机会……”

也就是说，在第二步骤提醒时，就要跟他约定处罚的方式，而不是父母单方面想着回去要好好修理他什么的，这个步骤相当重要。

步骤 4：执行处罚

很多家长虽说会处罚，但都是说了就算了，有些只是吓唬一下孩子，等到下一次又忘了；或是明明跟孩子有了约定，但却不遵守这些约定，然后一直周而复始，这样当然无法建立规矩。

父母必须要让孩子知道，**约定好的规矩或处罚不是说了就算了，必须要说到做到，这能帮助你建立下一次订规矩的威信与权威**，否则，孩子会认为：反正妈妈只是说说而已。总之，要当个有信用的父母，这样才能让孩子从你身上也学到信守承诺这件事，这是身教的第一步。

所以订下规矩后，就必须要确实执行，当然，执行处罚前，也要让孩子知道是因为哪件事情而被处罚，例如："由于你没有做到不在餐厅内乱跑，所以这次我们就不出去玩了。"在处罚时再次提醒孩子，才能让他反省思考。**没有提醒就直接处罚，孩子不会记得为何被处罚，是种短效的教养**。

教养中，赞美与处罚对孩子是一样重要的。好规矩，是需要从小训练的，然而孩子能不能建立好规矩，与大人会不会轻易妥协有很密切的关系，别轻易找借口说："孩子还小，不懂事！"

教养状况题：坚守原则与执行处罚

坚守原则：在处罚时再次提醒孩子，才能让他反省思考

执行处罚：执行处罚前，也要让孩子知道是因为哪件事情被处罚

教养的真相

没有规矩，不成方圆。别让不能坚持的教养，变成一种隐形的溺爱。

6-4 被捧上天的孩子：藏着教养的陷阱

“你好棒！”“你真聪明！”“真的好厉害呀！”做父母的都知道要多称赞孩子，才能让他们更有自信，但是你知道赞美也是有技巧的吗？

赞美方式不同，养成不同性格的孩子

称赞孩子努力、用心，会让他勇于接受挑战

第一阶段研究
对孩子进行赞美的方式不同，最后结果会是什么样

基本智力测验
将孩子随机分为“赞美成绩组”“赞美努力组”两组

第二次测验
孩子自己选择题型
- 困难版
- 简单版

研究发现
- “赞美成绩组”▶赞美成绩对孩子有不良影响
- “赞美努力组”▶赞美努力让孩子勇于挑战

X 赞美成绩对孩子有不良影响

O 赞美努力让孩子勇于挑战

很多大人赞美孩子时，常常无极限，这很容易让孩子误以为自己很厉害。等到进入真实社会中，不但适应力变差、挫折耐受力也不好，反而会教出个性很急的孩子，甚至形成不愿意尝试的性格！

美国一所大学曾做过研究，研究者找来400位小朋友，共进行4次测验，想借此了解对孩子进行赞美的方式不同，最后结果会是什么样。

首先，第一次进行基本的智力测验，该测验结束后，将孩子随机分成两组，并没有按照成绩特意区分。之后，实验人员对这两个组别的孩子分别用不同的方式赞美：一组称赞他们的考试结果，用了“考得好棒、好聪明”等词汇，这组称为“赞美成绩组”；另一组则是称赞他们“过程中好努力、好认真”，这组称为“赞美努力组”。

接着，实验人员又对这两组孩子做了第二次的测验，本次测验让孩子自己选择不同难度的考题，一种是困难版，目的是“让孩子有学习与成长的机会”；另一种则是简单版，目的是“相信你一定会做得很好”。结果发现，在赞美努力组中，有92%的孩子选择了困难的考题。

第一阶段测试结束，实验人员发现，当称赞孩子很聪明、很棒时，他们会认为是因为结果大人才称赞他的，这时若孩子发现自己无法完成任务就得不到大人们的肯定与赞美时，他们会选择简单的考题。长久下来，这类型的孩子会给自己划下界线，面对困难也会选择逃避，日后可能会限制他们自我潜力的发挥。

相反地，**当大人称赞的是孩子在过程中的努力与用心时，**

他们会发现：原来父母有看到我在过程中的努力与付出，进而会更愿意用心面对问题、解决问题。这类孩子将来在面对困难时，多半也不会逃避，反而会勇于挑战。

别只在意孩子的成绩，在意成绩不会提升学习动机

用对赞美方式，孩子会觉得努力与认真是自己可以控制的

第二阶段研究
对孩子进行赞美的方式不同，最后结果会是什么样

第三次测验 艰难测验

两组未完成
- “赞美成绩组”表现受挫、放弃
- “赞美努力组”表现努力、认真

第四次测验 容易测验

- “赞美成绩组”退步 20%
- “赞美努力组”成绩进步 30%

研究发现
教养方式不同，结果不同

孩子认为自身可控制努力与认真，聪明才智无法控制。

面对挑战与困难
- 称赞结果▶重视结果，不耐挫，放弃
- 称赞过程▶勇于面对，自我鼓励

赞美成绩，成绩反而退步
赞美努力，成绩才会进步

实验人员接着进行第二阶段的实验，也就是第三次的测验，这次给的考题相当困难，两组孩子几乎都没办法完成，但结果竟然有很大的差异。

赞美努力组在面对困难的、不可能完成的测验时，表现得更努力、更认真，也愿意花更多时间享受测验的过程；但赞美成绩组，在面对不可能完成的任务时，则表现出很受挫，且很容易放弃的态度。

经过这次困难的测验后，实验人员又进行了第四次的测验，这次的考题相当简单，程度类似第一次测验，结果却意外发现：当这两组孩子经过超级困难的测验后，再给予简单测验时，不同组别的孩子成绩有相当大的差别。赞美努力组的成绩进步了30%、赞美成绩组则退步了20%，两组前后的成绩差距竟然有50%。

这个实验充分展现出，不同教养方式会养出不同结果的孩子。研究人员解释其中的差别在于：孩子认为，努力与认真是自己可以控制的，但聪明才智是无法控制的，所以，当他面临挑战与困难时，父母若只称赞他“很聪明、好棒、考得这么好”时，孩子会只重视结果，更不耐挫，日后也就不知如何去面对学习中的挫折与挑战，久了之后，自然不爱学习。

相反地，经常被称赞很努力的孩子，即使未来遇到困难与挑战，也可以勇于面对，因为他会自我鼓励。因此，当孩子做出一个很好的行为时，一定要称赞他在这个过程中有多努力，而非结果有多好。

社会性赞美，比物质奖励更能将好行为内化

许多父母，在孩子表现好的时候，会给予物质上的奖励，这时就要相当小心。其实，有时只要给他一个大大的拥抱、掌声给他鼓励，或者靠近孩子说知道他可以做到……这些都会比物质奖励，更容易把好行为保留下来。

六个实用的“社会性赞美”妙招

1. 给孩子拥抱
2. 真心诚意，而且四目相对地给孩子口头赞美
3. 全家人给孩子鼓掌鼓励
4. 用不同的语调，惊喜的情绪，跟孩子互动
5. 告诉孩子，你因为他的好行为，变得很开心
6. 告诉孩子，他是弟弟妹妹很好的模范

也许有父母会问，如果本来就是孩子该做的，也需要赞美吗？我认为，还是需要鼓励。若是担心孩子会变成不赞美就不做时，只要多注意赞美的主题与目的就好。而且，赞美要发自内心才有用，**4岁以上的孩子，就能知道大人是否真心赞美他**。如果孩子觉得爸妈有看到他的优点，他就能安心又自信地成长。

适性赞美，让好行为内化

哪些赞美的话，千万别对孩子说？

赞美的话	后果
这么棒，你是永远的第一名	让孩子得失心重
了不起！我们都不会	让孩子自我感觉良好
你真是天才！马上学马上会	让孩子粗心大意
妹妹真乖！不像哥哥	让手足竞争

不同气质的小孩，要用不同的赞美方法

孩子气质	赞美方法
内向的孩子	赞美他的勇气
大而化之的孩子	赞美他的贴心举动
爱撒娇的孩子	赞美他的自主行为
以自我为中心的孩子	赞美他的同理心与分享

教养的真相

赞美孩子最简单及有效的话，就是“谢谢你”“你真是小帮手”“我好高兴呀”这3句话。这些赞美会内化。

6-5 用捣蛋行为，吸引人注意的孩子 小心是“没自信”的表现

你有没有发现，小孩有时很奇怪，明知道会被骂，仍经常挑战你的底线。

“我已经说过不可以在家里玩球了！你到底要我讲几遍？”或者“哥哥，你为什么又咬弟弟，你不知道不可以咬人吗？”这些剧情在你家是不是也常常上演？孩子到底怎么了，老是爱挑战大人的底线？是因为他搞不清楚状况？还是想吸引你的注意力？

小孩心态：就算被骂，也是一种关注

2～6岁小孩，挑战底线动因大揭秘

2岁	发现行为可以控制大人反应
3岁	要大人关心他
4～5岁	刷存在感，证明可以不一样
6岁以上	自信不足，没有表达空间

有一位妈妈跟我说，她每次要写稿时，都会让孩子自己先好好玩，但孩子都不听，还一直吵她、烦她，有一次还把她快写完的稿子删掉了，“真的很想给他一巴掌！”到底为什么明明讲了好几遍，孩子也知道不可以做，却宁愿讨骂、挑战妈妈的底线呢？

孩子天生就需要大人的关注与赞美，大多数的孩子也很擅长用各种方法吸引大人的注意力。只是，妈妈会想：那我给他的注意力是太多？还是太少？

每个人心中的尺度都不一样，重点是别让孩子从“想要”注意力变成“需要”注意力，只要孩子没有获得足够的关注，他们就会用发脾气、不断的唠叨、挑衅或其他令人生气的行为来获取关注。

因为孩子心里想的是：我表现好你们都没注意到，那我就要表现不好，你们才会注意我！这就是心理学上常见的“用错误行为寻求注意力”，如果不好好处理这种行为，日后孩子可能衍生出更多的脱序行为。有些注意缺陷多动症（ADHD）或对立性反抗症（ODD）的孩子，就常被学者认为有寻求关注的状况。

寻求大人的关注，是孩子的本能

“想要”关注	“需要”关注
☐ 孩子想被认同，希望别人看到他	☐ 用错误行为寻求注意力 ☐ 表现行为：发脾气、哭、故意不做等

捣蛋被关注，代表我有被看到

孩子不是不乖，是想说“爸爸妈妈，请多关心我！”

没自信

用捣蛋来吸引大家的关注

刷存在感

用“搞笑”来让大家看到

手足竞争

故意使坏或欺负兄弟姐妹

还记得在“讲不听的真相”里提到的“大脑的奖赏网络”吗？孩子在一两岁时，就会利用这套系统，做一些吸引大人注意力的事情，他们从小就发现：我的行为可以控制大人的反应。这样的能力让他们觉得有趣，也是照着大脑奖励的机制走。之后，随着年龄愈来愈大，孩子就愈来愈能够从其他游戏中得到成就感，这些故意吸引他人注意来满足自己的行为也就会相对减少。

我常听到妈妈问：“我下班后的时间都陪他了，为什么小孩还是一直用捣蛋来吸引关注呢？”这种现象比较会发生在6岁以上的孩子，这类孩子不是孤单，而是内心深处比较没有自信，尽管你可能并没有在外在表现上发现，他是想证明自己的存在。

有些孩子则表现在细微的地方，比如经常忘东忘西、能力不足，又不想让人发现被嘲笑时，在学校时就会表现出爱搞笑、夸张像小丑般地吸引别人的注意力，用“自己有本事让大家哄堂大笑”的行为，来证明自己的存在价值，尽管表现出的行为可能并不合适。

又或者，因为有手足间的竞争，孩子们彼此争宠吸引大人关注，因此故意使坏，明知道一定会被修理得很惨，但对他来说，已经吸引了大人的注意力，这也是一种存在证明。只是，如果长期使用这种方式，永远也没办法填满他空虚的心，久而久之就会出现：对于被关注这件事永远不满足、表现不合适的行为来赢得父母和同伴的注意，或有爱搞破坏、爱烦人等恼人行为。

使用关注孩子的正确方法，能改善亲子关系

父母对孩子的关注，可以分成 3 种：正向注意力、负向注意力、刻意忽略，此 3 种关注行为，对孩子有不同影响。

当孩子表现出好的行为时，父母给予关注或赞美，这时孩子得到的就是“正向注意力”，它可能是一个拥抱、一句称赞或鼓励、

对孩子的关注，用的是哪种方法？

	爸妈的反应	对孩子的影响	亲子互动
正向注意力	表现出好的行为时，父母给予关注或赞美	能促使孩子表现更多好的行为	拥抱、称赞、鼓励或亲昵举动
负向注意力	表现出不当行为时，父母感到生气而给予的注意力	大人没有减少这类注意力，反而强化孩子的不当行为	威胁、审问和说教
刻意忽略	不关注孩子发生的事	不代表完全不理，而是不针对这个事件做回应	转移孩子的注意力到其他事情上

一个亲昵举动等回馈。都可以让孩子表现更多、更好的行为。

如果孩子表现出不当行为，父母因为感到生气而给予的注意力，通常就称为“负向注意力”，它通常包含威胁、审问与说教。别以为这时你给的是惩罚，对孩子来说却是奖励，你并没有减少他的负面行为，反而是强化了这种行为。

就好像兄弟俩安静地在房间看书，半小时过去，当爸妈暗自开心“孩子终于长大懂事了”，突然就听到“爸爸，弟弟抢我东西！”“妈，哥哥打我！”于是你们开始进去处理纷争，但在前半个小时内，却没有进去说过："哇，你们两个好棒，可以一起安静看书呢！"出现类似这种骚动，爸妈才会出现的状况，就是给了孩子负向注意力。

从这些负向注意力，孩子学到的是：我要惹麻烦，才能中断大人正在忙的事情来关注我，才可以控制大人。秘密就在于，当孩子有得当行为时，我们经常认为理所当然，吝于称赞，只有在他们出现错误行为时才去关注。

至于刻意忽略，则是完全不关注正在发生的事。其实，**面对孩子寻求注意力的不当行为时，"刻意忽略"反而比"负向注意力"更好**。这不表示完全不理会，而是不针对这个事件做回应。这时父母要做的是，转移孩子的注意力，让他产生好的行为表现，那时再给予正向注意力。

孩子愈坏的时候，就是愈需要大人专心的时候

不想再当"吼叫妈"，记得要先对孩子赏罚分明

自我成长

鼓励、夸奖：好的行为才会内化

自我放弃

凡事责骂：孩子容易没自信，没安全感，认为爸妈不在乎他

想想看，你是不是一天中称赞孩子的次数比骂他的次数还多？孩子经常被骂，除了会让他没自信外，也会没有安全感，认为爸妈不在乎他，导致他用捣蛋的方式引起爸妈关心，借此感受“爸爸妈妈还是在意我的”。

民主式教养的真谛，是要赏罚分明。孩子表现好要鼓励他，孩子好的行为才会内化。该夸奖时，不吝惜夸奖；当孩子出现行为问题时，也别急着生气开骂。了解孩子行为背后的原因，比一直纠正行为更重要，能做到这些，就是好父母！

教养的真相 → 大人不懂的小孩心态：就算被骂，也是一种关注！

6-6 不让人帮，就是要自己来的孩子：孩子主见强，父母的介入技巧

很多人说：“小孩长大就会懂爸妈的苦心，会愈来愈听话。”可是……我家小孩怎么不一样？愈大反而主见愈强，都不接受大人的建议了！大人又不会害他！

面对孩子过强的主见，父母要放下成见

主见强的背后心理

行为信息 1	心中已有定见及次序感太强
行为信息 2	好奇心重，很想追根究底

有个三四岁的孩子，玩完游戏，被妈妈叫回家时，耍赖不想走，还大声呛妈妈说：“你每次都不听我的，你每次都不让我玩很久，我还没有玩够。”但妈妈不想听他说完，立刻回说：“哪有每次？我上次不是还有多让你玩 5 分钟？你愈大愈不像话，立刻给我走！”

看到妈妈气急败坏，我连忙请两边都冷静一下，因为这情况就是硬碰硬，失去了教养的焦点，沦为辩论是不是“每次”。

妈妈问我：“不该坚持吗？”我说：“当然要呀！可是也得让孩子服气才行。”孩子现在听不进去，就算服你，也只是一时的，但这并不会改变他这个坏习惯。

心中已有定见及次序感太强

孩子3岁以后，还会延续2岁时期的“不要情绪”行为，证明自己已经长大了，这是认知发展的历程之一。接下来，在他的心中，会开始有自己的顺序、步骤、先后的认知，认为自己就是对的，这就叫作“发展次序期”。

要改变这种先入为主的想法及行为，其实很简单，大原则只要让孩子觉得：跟着我做比较好玩、跟着我做你会比较开心、跟着我做你会得到更多的好处。

3岁后，是“为什么”探索时期

3岁

为什么阶段

- 延续2岁时期的“不要情绪”行为
- 开始有顺序、步骤、先后的认知
- 认为自己就是对的

好奇心重，很想追根究底

爸妈应该有听过，3岁以后就进入了“为什么”阶段，凡事都先问为什么，这其实跟主见变强很有关系。孩子会想去冒险，不想跟着单调或重复的规则，这是好事；他会想去知道原因，这样才能满足自己，如果被大人禁止，这些心理就不能得到满足了。

于是，为了得到更多，孩子就想捍卫自己求知的欲望。不过因为他还小，方法当然不见得用对，只能拿出自己最擅长的武器，例如：就是不给、打死不走、哭给你看、跑让你追等。

4 岁开始，是“创造”时期

4 岁　创造阶段

- 想去冒险，不想跟着单调或重复的规则
- 想知道原因，这样才能满足自己
- 捍卫自己求知的欲望

冰山上的行为，并不是孩子内心真正的想法

父母必学，与孩子的内在冰山对话

冰山对话术 1	完整预告让孩子懂
冰山对话术 2	需要亲子有耐心地具体演练
冰山对话术 3	简单解析对方的心情
冰山对话术 4	鼓励孩子找时机再试试看
冰山对话术 5	分享自己的经验

当然，主见变强并没有不好，只是我们怕他会学到坏的经验，或养成坏习惯，如果这种强势经验太多又容易得逞，会让孩子的价值观混淆、行为退化，凡事觉得他最大，这样一来，他的控制欲及指挥欲可能会愈来愈强。这其实有 5 个教养步骤可以解套，你一定要知道。

冰山对话术 1：完整预告让孩子懂

3 岁开始，孩子可以听懂的话愈来愈多，要让他服气，就要顺着他的“为什么”来教，不能只给规定的指令。

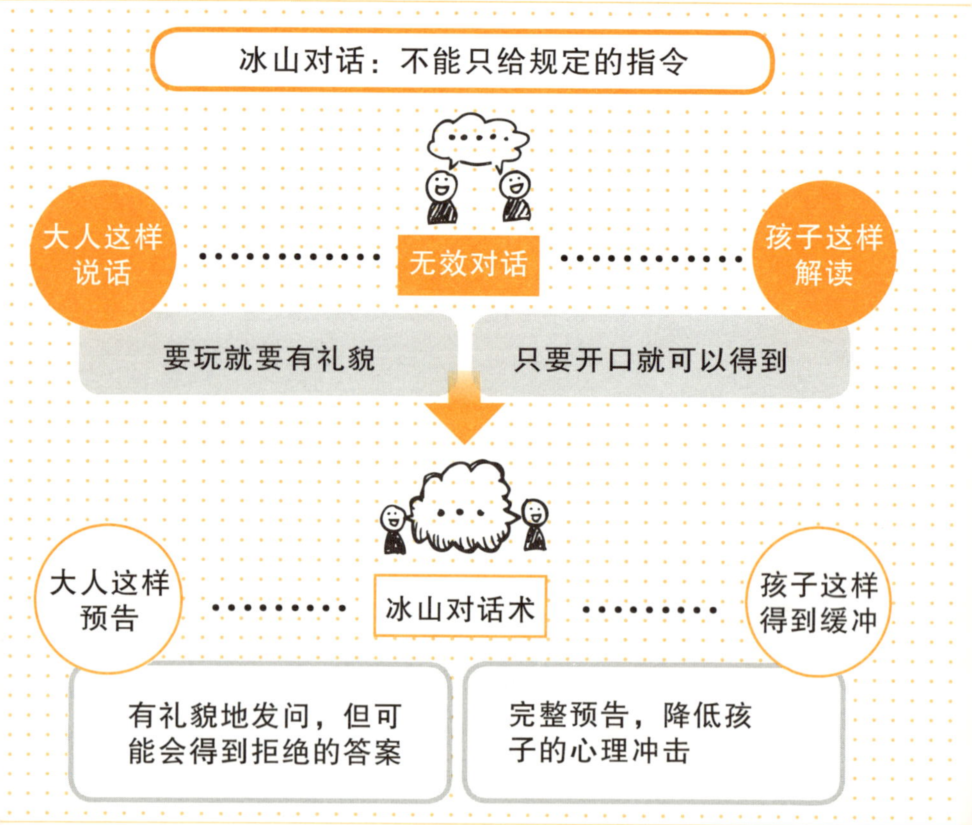

很多爸妈会跟孩子说："要玩就要说，要玩就要有礼貌"，这些话听在孩子的耳朵里，好像是教他："只要开口就可以得到。"如果孩子是这样想，那收到否定的答案时，一定是被狠狠地打击一番，因为落差大太。

要解决孩子这种心理上的落差，我自己的经验是，预告一定要做，更要完整做。好比说，我们可以跟孩子说："你可以去跟他借自行车，但他不一定会借你，因为他现在看起来玩得很开心！"或者"你可以有礼貌地去问他，但他可能会直接说'不要'，让你去玩别的。"完整的预告，可以降低还没成熟的孩子的心理冲击，让情绪不至于上来得太快。

冰山对话术 2：需要亲子有耐心地具体演练

"来来来，妈妈跟你演一遍，妈妈假装是你的好朋友，你来跟我借玩具，但我说'不要，我不想给你！'你的感觉是什么样的呢？你会用什么方法来解决呢？你会觉得这一句'不要'就像天快塌下来的感觉吗？"

对话技巧：通过角色扮演，提供演练机会

冰山对话术

妈妈扮演你的好朋友，你来跟我借玩具，但我说"不要，我不想给你！"你的感觉是什么样的呢？

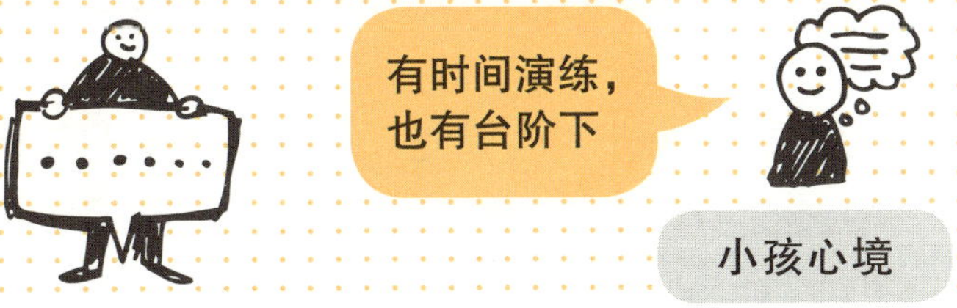

这个方式，是结合角色扮演及引导式教育，让孩子在虚拟的情境中，获得比较充裕的时间来演练，才不会在第一时间内不知道如何回应，又找不到台阶下。

冰山对话术 3：简单解析对方的心情

孩子还小，同理的能力还没有成熟，所以不会懂其他孩子为什么不借他，而只执着在“我已经按部就班地做了妈妈交代的事情了呀！”这时大人们要在旁边具体解释一下。

例如，“我觉得他可能是因为自己还没玩够，才不借你！”“我觉得他可能不想让你现在问。”“我觉得他有舍不得的心情。”

冰山对话术 4：鼓励孩子找时机再试试看

面对孩子去尝试后的挫败，爸妈第一时间的支持是很重要的。我们应该先跟孩子沟通：“你已经做得很好了，你非常有礼貌。”先设法维持住孩子的正向行为，再跟他分析：“也许下次他就会借你了，是时间不对！”或者：“搞不好其他孩子会借你，是对象不对！”

很多父母，在孩子失败时，第一时间就说“这没关系！”“再试一次就成功了！”……这样的对话，反而让孩子感觉不到支持。

冰山对话术 5：分享自己的经验

有一句话我觉得很重要：很努力，但不一定能得到！因为现实生活中就是这样，有时就算做足了准备，也总是有意外。只要在情绪教育中，提早让孩子了解，让他很自然地接受这些环境中的挫折，对他未来的社交人际发展，会有很大的帮助。

父母跟孩子对话时，要提前让孩子知道现实可能会有不尽如人意的地方，这样孩子才会听你讲话。譬如，和孩子分享自己也曾做好万全准备却惨遭失败崩溃的经验。

三大要领，掌握同理心沟通法

命令、禁止要减少，转换沟通会更好 →	不要凡事都对孩子说“你要……”“你不可以……”，把“你”改成“我”
要教孩子学习尊重别人，先听孩子把话说完 →	听完孩子的完整表达，就算是歪理、就算是顶嘴，也等他讲完后再修正
从绘本、桌游到生活，教孩子学习与理解 →	平常就要观察并练习说出对他人的感觉及感受，如果孩子还不成熟，父母应该通过绘本、桌游等媒介给予提示，选项中包含理性及感性的答案，加倍鼓励孩子的感性答案

教养的真相

父母如果想教导孩子不要有太强的主见，需要先放下自己的脾气与成见。

6-7 爱告状、爱计较的孩子：计较个性，让孩子不受欢迎

“妈妈，弟弟又把我的玩具弄坏了！”“妈妈，姐姐都不跟我玩！”家里此起彼落的告状声是不是经常搞得你一个头两个大？不处理，担心孩子起冲突没完没了，处理了，又怕孩子们不满意结果，结果不是被告状的说告状的爱打小报告，就是告状的跟被告状的一起生妈妈的气。

爱告状的小孩，社交情绪常管控不好

知名的美国心理学教授克里・摩斯（Kelly Morth）认为，20%IQ（智商）+ 80%EQ（情商）= 100% 成功。这样改革智力论，是人类发展及行为学历史上非常重要的一步，在《EQ的力量》这本书里，我着墨许多。

儿童社交技巧，与融入团体和人际互动关系环环相扣。**社交技巧是指表现出可被接受的行为模式，可以帮助个人获得社会增强、接受或是逃避负面情境的能力。**

训练儿童社交技巧的主要目的，就是希望增强孩子的同伴

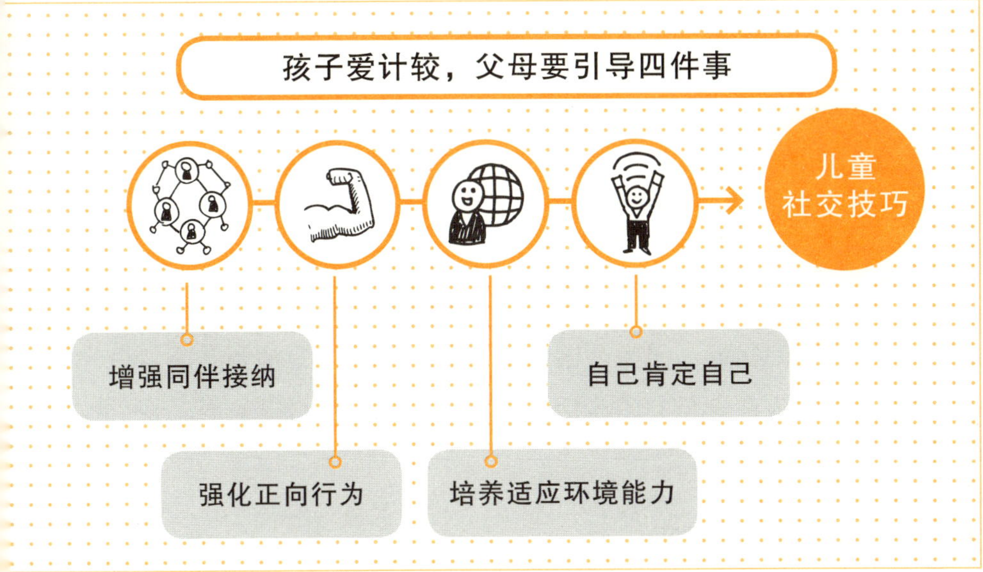

接纳、正向行为及适应环境的能力，进而达到更高的社会期许。从人类发展里程来看，社会化的过程，的确需要更多团体间互动。

换句话说，社交能力与团体互动的经验值息息相关。很多家长喜欢讨论儿童的社交技巧，是先天或后天发展出来？现代儿童心理发展专家认为，儿童的人际社交能力，除了受先天气质影响，更受后天团体互动及环境的影响。因此，**儿童社交技巧是可以培养的。**

根据 Gresham 等人提出的社会技巧评估，可以归纳出社交技巧培养有五大重点。

重点 1：合作

让孩子明白，合作与分工的好处与优点，例如：可以更快完成事情，可以做得更好……

重点 2：自我肯定

要给孩子树立信心，让他肯定自己，知道自己可以做得好，不用担心会给别人添麻烦。

重点 3：负责

让孩子知道，团体关系中，要对自己所扮演的角色有一定了解，因为在参与的团体活动中，我们都会有自己需要达成的任务。

重点 4：同理感受

要时时站在孩子的立场思考，同理孩子的情绪行为和反应，再引导他学会正确的表达。

重点 5：自我控制

最后这点最需要花时间与耐心，因为孩子还是会根据当下的情境及情绪有不同反应，所以父母要培养孩子控制自己的情绪和想法，引导孩子采用正确的社交方式。

因此，要让以自我为中心的小小孩进入团体互动的学龄前、学龄阶段，这中间的转变成功与否，跟孩子是否有与人合作的观念、自我成就及价值是否提升、是否有责任感、能否设身处地为人着想，以及行为能否控制等，有相当密切的关系！

爸妈必知！社交技巧引导五大心法

合作

明白合作的优点

自我肯定

帮助孩子树立信心

负责

达成自我任务

同理感受

换位思考同理孩子

自我控制

控制情绪引导社交

小孩爱告状，要知道背后的行为信息

爱告状小孩的内在冰山

信息 1	违背刚建立的“是非”概念
信息 2	为了得到大人的注意、认同
信息 3	测试大人的规则、底线
信息 4	想要“控制”其他人，这样自己才有安全感
信息 5	以牙还牙，以眼还眼

孩子爱告状，在家里很让人抓狂，大人也会担心，如果孩子在学校也常常告状，会不会影响他的人际关系呢？就我的临床经验，总是爱告状的孩子背后往往透露这样的信息。

内在信息 1：违背刚建立的“是非”概念

孩子开始学习各式各样的规则，大人也时常通过赞美或制止来教导是非观念，对孩子而言，规定就是规定，没有弹性可言，因此当别人做出违反自己认为“正确”的行为时，自然就去告状了。

内在信息 2：为了得到大人的注意、认同

孩子单纯地认为“别人不对，代表我是对的”，又或者如果之前自己不小心犯错被处罚，孩子也会通过打小报告拉低手足在父母心中的地位。

内在信息 3：测试大人的规则、底线

“妈妈！弟弟又去拿冰箱的布丁吃了。”明明自己也很想吃，只是怕做了会受到处罚，所以先说弟弟做了，试试看妈妈会有什么反应。

如果妈妈没有责备或处罚弟弟，表示这件事可以做；如果妈妈生气了，孩子就会知道这件事不能做，同时自己又不会受罚。

内在信息 4：想要“控制”其他人，这样自己才有安全感

“你再不怎样怎样，我就跟爸爸说！”其他孩子刚听到这

句话时都会心生恐惧，如果犯的错来不及修正，就会通过交换条件来拜托对方不要告状，准备要告状的孩子就会觉得自己握有某种程度的“权力”。

内在信息 5：以牙还牙，以眼还眼

“上次你跟妈妈告状，这次换我逮到你犯错了吧！我也要去跟妈妈说！”如果前一次孩子告状的事情没有处理好，很可能会产生这样的恶性循环！

孩子爱告状，父母的破冰对话术

八种破冰对话，进入孩子的内在世界

破冰 1	平时就要培养孩子的同理心
破冰 2	不吝于称赞孩子，让孩子感受父母的关爱
破冰 3	当孩子告状时，先深呼吸安静倾听
破冰 4	肯定孩子告状背后的动机
破冰 5	教导孩子学会看见别人的优点
破冰 6	引导孩子思考别人行为背后可能有其他原因
破冰 7	告诉孩子更好的具体做法
破冰 8	让孩子练习做做看

爱告状的孩子，很容易让家长担心他在团体里是否会被同侪讨厌？在这里，特别分享八大破冰心法，进入孩子的内在世界，避免他可能产生的人际互动问题！

平时就要培养孩子的同理心

孩子小的时候，千万不要当他的“孝子／孝女”！要教导他多理解别人，懂得体贴，若事事以孩子为尊，这样可能会让孩子在二宝出生后，或进入团体中顿时觉得自己不被重视，转而想通过告状来提升自我的价值感。

不吝于称赞孩子，让孩子感受父母的关爱

孩子表现好时就要给予称赞，喜欢吸引大人注意的孩子会更努力做得更好来得到肯定，这样孩子就比较不容易出现为了得到关注而频繁告状的情况。

当孩子告状时，先深呼吸安静倾听

大人也是人，难免会有先入为主的判断，也会受到自己当下情绪的影响而做出过激反应。如果孩子在大人手忙脚乱时告状，或是孩子们抢着告状跟辩解，让大人心烦意乱，不妨先冷静一下，听孩子慢慢说、仔细说，借倾听的时间搞懂孩子告状背后的原因，才能做出更适当的回应。

肯定孩子告状背后的动机

我不是要家长跟孩子说“告状很好”，而是要肯定孩子背后想要关心对方的这个想法。“你是因为担心妹妹在那里玩会

受伤对不对？”类似这种方法也可以避免孩子觉得自己只会被责备，而不愿意继续听大人说话。

教导孩子学会看见别人的优点

平时生活中就多鼓励孩子看见、学习别人的优点，同时也多赞美孩子表现好的部分，他就比较不会只看到别人的缺点而不停告状了。

引导孩子思考别人行为背后可能有其他原因

当孩子抱怨弟弟妹妹弄坏自己的玩具时，引导他思考“因为弟弟妹妹不知道怎么玩这个玩具，所以才……”按照不同的状况教导孩子，千万不要只看见表面现象就快速下判断。

告诉孩子更好的具体做法

“你可以教弟弟妹妹怎么玩这个玩具，这样他们就不会弄坏玩具了”，或者“你可以提醒同学怎么做比较好”。通过教导孩子更好的处理方式，可以提升孩子解决问题的能力。

让孩子练习做做看

在做情境演练时，如果爸爸做了违反孩子世界规则的事情，当下请孩子提醒爸爸改正，而非跟妈妈告状。若是孩子经常跟爸妈告状学校同学又做了什么坏事时，爸妈可以扮演同学的角色，请孩子试着用更好的方式提醒同学。

孩子爱告状，能让我们了解他们的情绪、想法，通过好的引导能够让他们学习如何表达、解决问题、同理别人等，错误的方法只会让孩子拒绝沟通或用更不好的方式来满足自己的期待！你可以尝试一下上面的方法，毕竟培养小孩的EQ（情商）就得从平时做起！

训练这四种能力　孩子情商高

1. 学会表达

能说出自己的感受及感觉

2. 解决问题

会想办法，而不是等着别人帮他

3. 同理别人

可以知道别人的感受，不去做令人讨厌的事

4. 理解情绪

了解别人是不是生气等

无效教养，让孩子更爱告状

养成孩子爱告状的无效教养，你中几招？

交付“纪律委员”的使命给孩子

听到孩子告状时还帮腔

高压统治，全部听大人的就对了

无效教养 1：交付“纪律委员”的使命给孩子

孩子不仅会在特定情境下举报别人的不是，无论到哪里都会期待通过告状获得父母的称赞。

无效教养 2：听到孩子告状时还帮腔

孩子回家说某某同学又被学校老师处罚时，如果你一起帮腔说：“对呀，他做了老师不喜欢的事情所以才会被处罚，你不能那样！不然也会被老师处罚的。”

家长肯定会说：“我这是通过例子来教导孩子不要做出不

好的行为，有什么不对？”

我要说的是，因为家长没有在现场，也不完全了解事实是不是跟孩子说的一样，也有可能是他误解了，也有可能孩子只是想通过说别的孩子不是，来显示出“我在学校很乖”，所以父母这样的回答，会更强化孩子告状的行为。

无效教养 3：高压统治，全部听大人的就对了

还有的家长面对的孩子可能很顽皮，别无他法就只能用比较“严格”的方式教育孩子，孩子若缺少表达想法的出口，担心讲错话、做错事被处罚，就比较容易通过告状的方式来确认大人的底线！

教养的真相

很爱告状的孩子，有时是很怕被忽略、没有安全感的孩子。

7 大脑与行为的真相

7-1 让妈妈喊累的男孩，搞不懂她要什么的女孩

养过男孩的妈妈大多会说：“养儿子根本就是在养猴子！怎么老是蹦蹦跳跳的，他都不会累吗？”养女儿的妈妈也会告诉你：“我女儿心里好像每天都有很多小剧场，心思好难猜呀！”爸妈一定很想知道，那个控制儿子活蹦乱跳的按键到底在哪儿，又或者，走进女儿的内心，看看玻璃心里的小剧场到底长什么样。

养男育女大不同，对话更要不一样

爸妈要先了解，养儿子与养女儿，方法就是要不一样，因为男孩与女孩大脑构造不同、学习优势不一样、气质也不同，当然无法用同一套教养方法。

就好像说，男孩子听话总是左耳进、右耳出，感觉什么都答应你，结果却什么都做不到。

科学家曾在一项对早产儿音乐治疗的研究中发现，女婴的听力比男婴好一些；其中一样研究更指出，接受音乐治疗的女婴可提早 9.5 天出院，但对男婴无效。还有一项新生儿听力实

验发现，当播放一个1500赫兹的声音给婴儿的左耳听时，女婴的大脑对声音的反应比男婴高80%，1500赫兹在我们可以听见人说话的声音范围内。

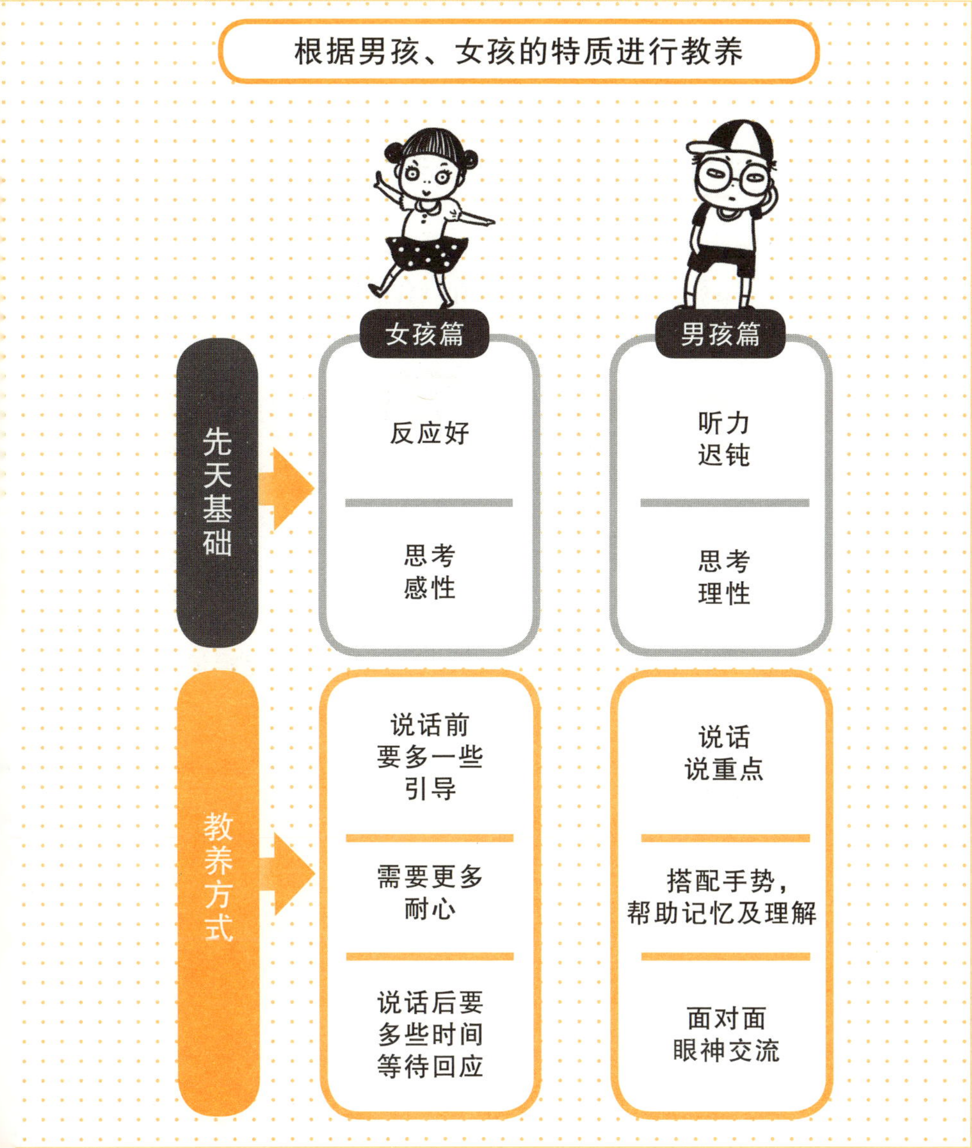

研究显示，男孩在听觉上比较迟钝；也无怪乎当妈妈用一般音量对男孩说话时，他总是听不到，所以优雅妈在男孩宿舍里，真的不常见！

如果妈妈不想用“吼”教男孩，需掌握3个教养重点。

别用教女孩的方法去教男孩

男孩	女孩
说话说重点	语言加上“我等你”“想好了以后再跟我说”“我相信你”
搭配手势，帮助记忆及理解	就事论事地教，会比较听话
面对面眼神交流	

说话说重点

男孩的妈妈常常被磨到没耐心，当孩子下课回到家时，有时会听见妈妈这样说：“你快去把书包给我放好，不要再像昨天那样乱丢！”“不洗手，你就不要吃点心！”“每次洗手都不认真洗，得肠胃病那该怎么办！”如果妈妈每天都这样对男孩说话，就怪不得孩子不听话，因为孩子抓不到重点啊！我建议孩子的妈妈可以这样修正：“回家第一件事要做什么啊？是不是要先把书包放在房间里？接着我们再去浴室用肥皂洗手，洗完手就可以来找妈妈拿点心吃。”

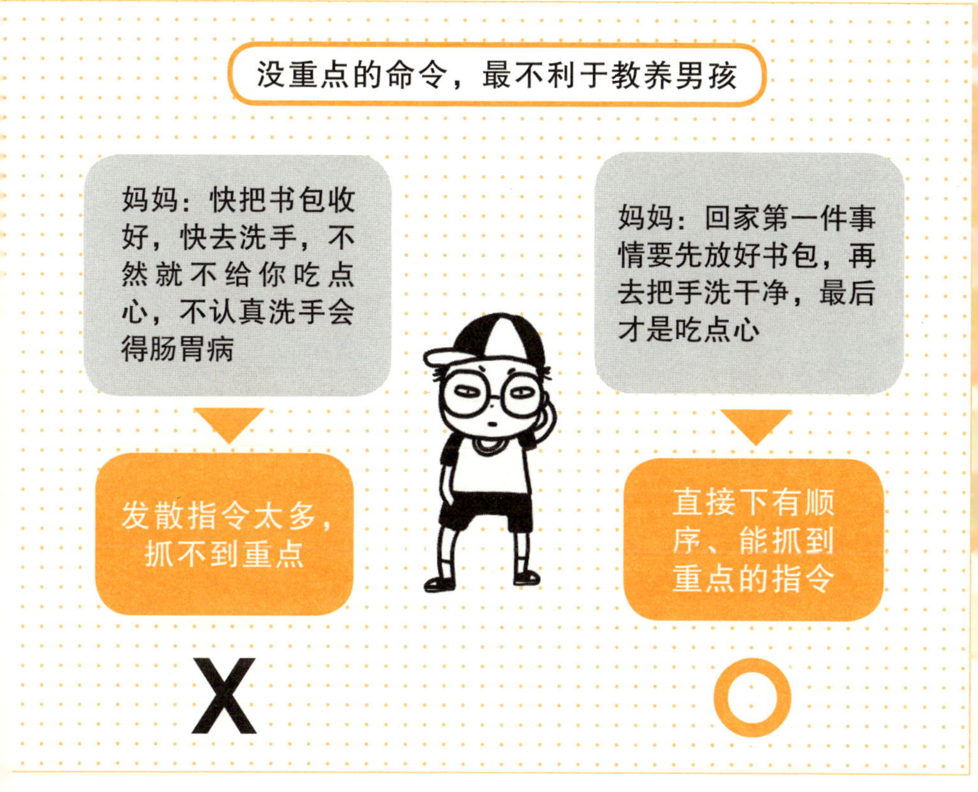

搭配手势，帮助记忆及理解

和男孩对话时，说到重点处，妈妈可适时加入手势，再补多一点表情，来加深他的印象。

面对面眼神交流

或者也可以把男孩拉到面前，眼神交会、面对面地交代要他完成的事。这样他比较能听到关键字，也就容易记住了。

女孩对声音比较敏感，情感也丰富，有时会绕东绕西、想很多；或者当你下一个命令给她，她会认为你是在怪她、在骂她而产生情绪。要记住，跟女孩说话时，可以说“来，我等你！”“想好了以后再跟我说。”“我相信你说的话！”“我并没有在怪你。”等情感层面的对话。这样，女孩的耳朵会比较愿意打开听你说。

教男孩、教女孩，当然不能用同一套方法

男孩天生好动，如果不把他的电放完，妈妈就得准备自己先没电。很多妈妈问我：“让儿子专心，怎么这么困难？”其实并不难，只是必须做到让男孩“先动后静”。如果顺序不对，没有让他先动个够，孩子就无法专注，自然没办法好好学习。

再者，因为男孩天生就爱冒险挑战，所以父母一定要给他们适当的机会去探索。例如，看到他在客厅里高高低低地跳沙

发时，通常我不会这么对他说：“不准跳，不然我就处罚你！”我会直接告诉他：“来，想跳就去地垫上边跳边转，或者去楼下跳绳。”提供男孩一个合理的冒险范围。

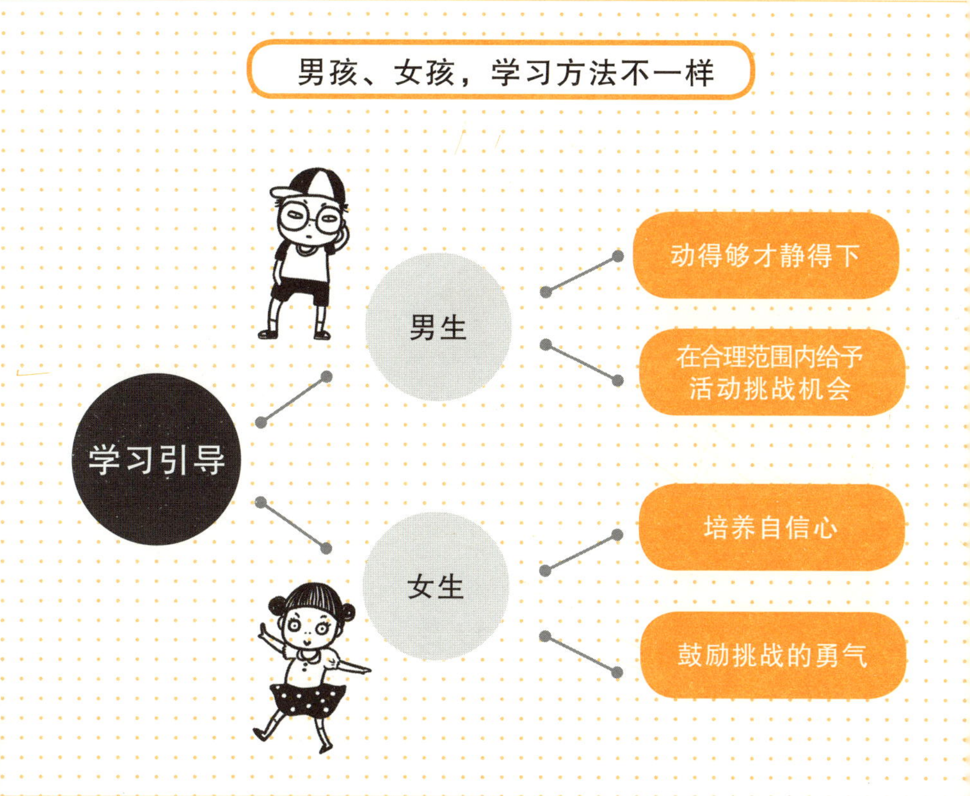

至于女孩，引导的重点就是鼓励她多活动、多挑战，因为女孩有时会过于安静或不想挑战比较困难的关卡。这就是男女非常不同的地方！建议女孩的爸妈帮她调整挑战难度，当她愿意进一步挑战时，就奖励她的“勇气”与“创意”。父母在教养中最大的价值就是陪伴孩子，并引导他们思考。

给合理的冒险范围，让男孩动个够

在沙发上跳上跳下 → 到楼下跳绳

合理的冒险范围

男孩、女孩，情绪教育重点不一样

有研究指出，男孩处理情绪的部位主要在杏仁核，掌控处理比较原始的情绪，与语言区的联结并不密切。女孩到了青春期后，处理情绪的部分由杏仁核向外延伸到整个大脑皮质，这块区域同时也会处理比较高层次的认知难题，所以女孩比较能用语言表达自己的情绪与感觉，男孩在情绪表达的能力上，比女孩慢约 2 年。

对男孩，讲出你的感受让他练习

男孩的情绪教育

1. 情绪观察力较差，情绪表达也比较晚发展
2. 语言发展较晚，要帮助他找到情绪的出口
3. 使用选择题引导思考
4. 教导认识各种情绪，加强语言表达能力

对女孩，听她讲出感受，帮她练习

女孩的情绪教育

1. 语言表达能力比较强，要帮孩子找到重点
2. 思考同时运用左右脑，容易被情绪或外在环境影响
3. 引导思考事情本质，而不是全部都混在一起
4. 尊重孩子表达的权利

也因此，男孩常常会让妈妈觉得“怎么这么没眼色、看不懂别人的脸色”，或者男孩的情绪总是“爆点低”，一秒就翻脸。我也发现，很多男孩会“很生气”，但问他为什么生气，却说不出所以然。这时，你就要用选择题的方式，引导他说出原因：“你是因为小明在生气吗，还是因为没吃到点心生气，或是因为自己穿不好衣服而生气？”

其次，不要逼男孩马上说清楚，平日就可训练教导他认识各种情绪，加强语言表达的能力。最后，就要引导他说出感觉，知道什么是生气、什么是害羞，千万不要只用“都几岁了，还那么爱哭？”“你都是哥哥了，还这么爱生气！”的方式教养孩子，这样只会让他更急、更生气。

至于女孩，语言表达能力比较强，思考比较缜密，当有情绪问题发生时，常常混杂很多理由，往往连自己也无法厘清生气的主因，跳不出负面情绪。这时，父母要做3件事帮助女孩。

女孩负面思考多，教育的三个重点

重点1	拉回事实，不要让孩子无限延伸
重点2	尊重孩子的表达方式，不要立刻否定
重点3	允许孩子生气，但要注意控制情绪强度

拉回事实，不要让孩子无限延伸

比如：“你是要说，某某同学不小心碰到了你，让你生气了吗？”如果她仍要继续说下去，请制止她：“等一等，我们先把这件事讨论完再说。”

尊重孩子的表达方式，不要立刻否定

教导男孩表达时，不要急也不要催他快说；但教女孩时就要相反，你反而要跟她说：“你先讲，讲完以后再听爸爸妈妈说。”这是尊重她发表意见的绝佳机会，父母千万别剥夺。

允许孩子生气，但要注意控制情绪强度

通常女孩在 3 岁半 ~5 岁半，就能启动“辨识程度”的情绪教育；而男孩则是要到 4 ～ 6 岁再开始教。

告诉孩子“你不准生气”“你不准哭”，都不是正确的教养，对孩子的情绪教育，可以通过认知来教。告诉他“你可以生气，但不要生太大的气。”“你这样生气，没有表达出自己的真实想法，反而会吓到别人。”“这件事情严重不严重？需要这么生气吗？你可以再想一想！”

“辨识程度”的情绪教育，男孩、女孩时间点不同

男孩 4～6岁

女孩 3岁半～5岁半

教导时间

辨识程度情绪教育

引导对话

你可以生气，但不要生太大的气

你这样生气，没有表达自己的真实想法，反而会吓到别人

这件事情严重不严重？需要这么生气吗？你可以再想一想！

教养的真相 → 教男孩、女孩，不是只有规范，更要给孩子正向思考的示范。

7-2 不爱睡觉的孩子：从小没养成对的睡眠规律

很多家长问我，孩子到底要睡多久才够呢？孩子不爱睡觉，爸妈都很担心孩子的睡眠问题。其实，孩子的睡眠除了看长度、品质之外，睡眠规律的养成更重要。

超过 9 点起床，变成多动症儿童的概率大增

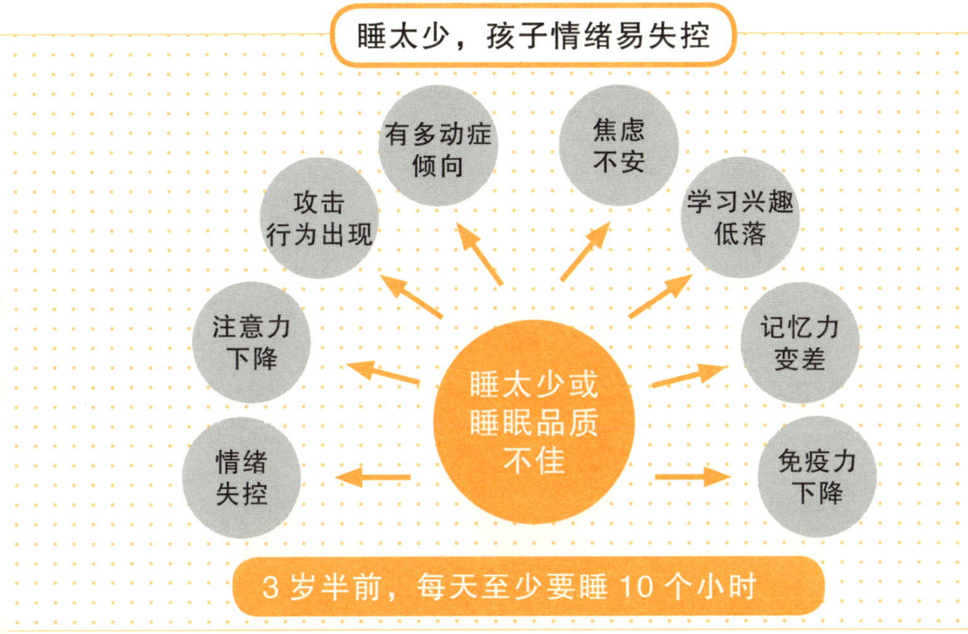

加拿大有个长期研究发现，3 岁半以下的孩子，每天至少要睡 10 个小时，这样对幼儿的整体发展比较好。有更多的研究证明，睡太少或睡眠品质不佳，会造成孩子情绪失控、注意力下降、攻击行为出现、有多动症倾向、焦虑不安、学习兴趣低落、记忆力变差，以及免疫力下降等。

另外，研究发现太晚睡还可能影响身高发育；新近研究更建议父母从小就要帮孩子养成规律的睡眠习惯，因为不建立规律的睡眠习惯和就寝时间，一味顺着孩子早上睡到很晚才起来，晚上过了该睡的时间还不睡，会大大影响孩子的脑部发育。

3 岁前睡眠不规律，7 岁后难有高智力

错误教养，导致孩子睡眠不规律

睡觉时间不固定 → 规律睡眠难养成

起床时间不固定 → 早餐有一顿没一顿

孩子配合大人作息 → 孩子作息跟着混乱

现代孩子为何没有规律睡眠呢？我发现，家有幼儿的父母最常犯下列三种错误。

做错这三件事，孩子的睡眠怎么会规律？

	现象	结果
睡眠错误 1	假日混乱	有时早睡有时晚睡
睡眠错误 2	补偿心态	“没关系，让他多睡一会儿”，太晚起床，错过早餐
睡眠错误 3	配合大人	难养成规律睡眠

儿童睡眠不仅要关注量和品质，更需注意早睡早起以及睡眠规律性，因为规律性的睡眠与我们生物体本身的生理时钟有很大的关联性，睡眠不足则会影响大脑的可塑性。

如果孩子已经过了睡眠规律养成的关键期，又该怎么办呢？先别担心，什么时候开始都不嫌晚，只要愿意尝试调整，都有机会可以矫正；甚至是 ADHD 的孩子，通过调整孩子的睡眠规律，也能有效改善 ADHD 的症状。

睡眠不足，
也是学习的杀手之一

还记得上学时间延后 1 小时，让孩子睡饱一点的新闻吗？《亲子天下》曾报道过《充足的睡眠，有利于大脑发展》，这件事一点也没错！

美国全国睡眠基金会，建议孩子的睡眠时间

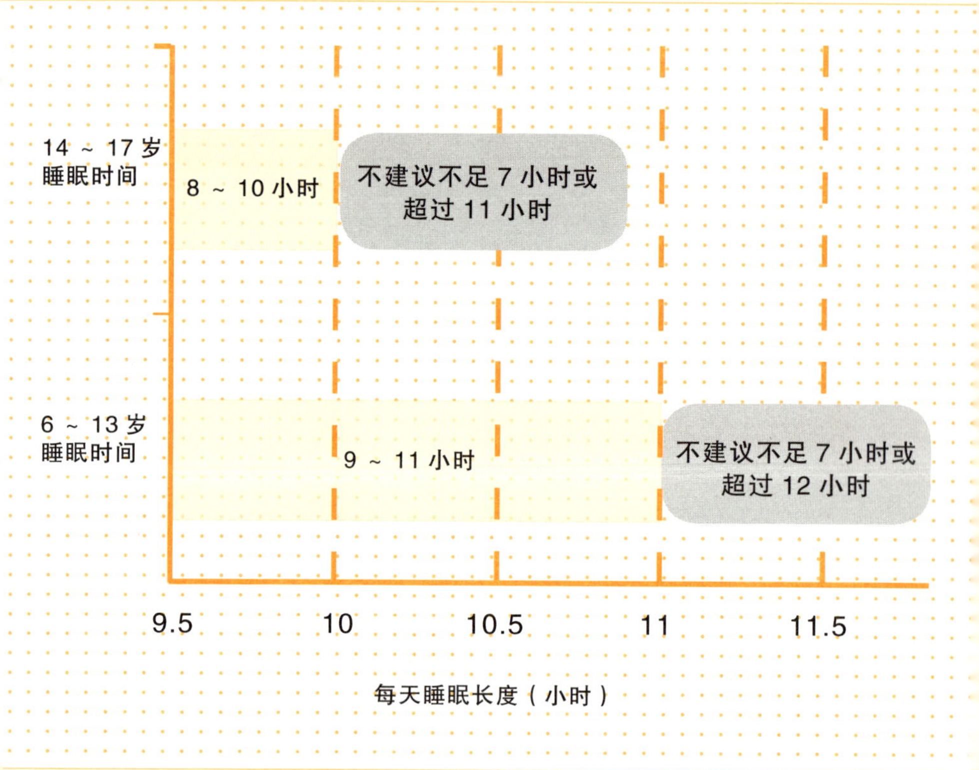

青少年儿童睡眠不足，隔天学习、情绪、行为表现都比睡眠足够时来得差，会产生包括注意力不集中、记忆力降低、情绪暴躁等不良影响。如今的中小学学生，也有普遍睡眠不足的现象，有近四成的九年级学生睡眠不足 6 小时，近 1/4 的中学生都有睡眠品质不佳的状况，也比日本的孩子少睡许多。

养成睡回笼觉坏习惯，可能影响大脑专注力

父母一定还遇到过这种情况：明明已经叫孩子起床了，没多久又看到他跑回去睡回笼觉。如果孩子是经常醒来后又再回去睡的人，白天的专注力会不容易集中，做事效率也低，因此，千万不要让孩子养成已经醒来，又睡回笼觉的习惯，这对孩子的健康及学习很不好。我有三个小提醒。

1. 起床后，想再眯一下是正常的，因为大人小孩都有睡眠惰性，但千万别养成去睡回笼觉的习惯。

2. 孩子会睡不饱，每天爬不起来，通常都是太晚睡、叫他们睡却不睡、玩不够舍不得睡、家人也很晚睡等原因造成的。

3. 太晚睡与孩子的起床气有很大关联，让孩子养成早点上床睡觉的习惯，对孩子发展正向情绪非常重要。

睡不饱的孩子，怎么可能爬得起来？

孩子睡觉三大提醒

提醒 1	不要养成睡回笼觉的习惯
提醒 2	孩子睡不饱，跟大人晚睡也有关
提醒 3	培养孩子上床睡觉的管理能力，也能帮助孩子发展正向情绪

早睡早起不是口号，与大脑发展有密切关系

近几年的研究也发现，注意缺陷多动症（ADHD）与睡眠息息相关，有睡眠障碍的孩子，存在 ADHD 的比例较高，而有 ADHD 的孩子，普遍也有睡眠需求少、不易入睡等问题。

幼儿睡眠：重质、重量、重早睡早起，也重规律性

各国睡眠研究

2013 年英国	孩子睡眠习惯的建立有关键期	· 3 岁没养成规律就寝时间，7 岁认知能力较差 · 女孩比男孩受睡眠习惯的影响大
2015 年日本	规律睡眠与专注力关联	2 岁就寝时间超过 11 点或不规律者，相较于 9 点前就寝或规律者，到了 8 岁时，出现注意力、破坏或干扰他人行为等问题的比例高 2 岁起床时间超过 9 点或不规律者，相较于起床时间在 7 点或有规律者，到了 8 岁时，出现破坏或干扰他人行为等问题的概率会高出 1.52 倍

教养的真相 → 不要只管孩子睡多或睡少，真正该管的是睡眠规律和睡眠质量！

7-3 愈来愈不喜欢英文的孩子：第二语言的学习关键

老师，为何我的孩子在幼儿园时期学英文时都很快乐，上了小学一二年级后，他逐渐不喜欢英文，变得对英文没有兴趣了，是我做错什么了吗？

外语学习，一定要有成就感

对于语言的学习，每个人都有不同的经验，我想从科学的角度来客观解释。

首先，要告诉所有父母“学母语是有关键期的”。这也是我很重视孩子们的母语是否有稳定的短语、句型及文法的原因，因为这会影响到孩子是否能早点完整表达自己；但是外语的学习，研究发现要学得好，重点在于激发兴趣与动机，我认为可以及早接触，只要不是填鸭式的英语学习，永远都不会太晚。

其次，很多家长都希望孩子提早学英语，是因为想把握“口音关键期”，也就是让孩子的发音比较标准。的确，有专家学者发现，愈早接触外语的孩子，愈没有母语口音，但到底要早到几岁开始接触、开始学习英语，目前还没有定论。

再者，英语学得好不好，其实不只是发音而已。还有其他如拼写、语法、用语等需要留意的层面，就像中文一样，拼音字母 b、p、m 学得好，也不能代表中文成绩就一定好，因为语文本来就涉及很多内容，发音只是其中之一。

哈佛大学语言教育学家凯瑟琳·斯诺（Catherine Snow）教授曾经说过：“学语言最关键的不是最佳年龄，而是最佳配套条件。”意思是说，要有正确的语言学习观念，加上适龄、适性的教学法、丰富的语言输入及互动，更要有正面的回馈及鼓励，这些才是语言学习的重点。

从科学的角度看英语学习的四大重点

1. 学习母语有关键期，先学好母语，也能帮助学习英语
2. 提早学英语，确实能让发音比较标准
3. 学英语，发音只是其中一个项目
4. 学语言的关键不是年龄，而是配套条件

所以，我可以告诉父母，真的不用担心学习语言会不会太迟，最该思考的是“如何引起孩子的兴趣，让他可以开口表达”。

英语成绩普遍下滑，到底怎么回事？

根据英孚国际文教机构（EF Education First）在2019年公布的英语能力指标报告，排名第一的是荷兰。中国人的英语表达能力落后于新加坡、菲律宾和印度，也比不上韩国。那么，这就产生了一个疑问：怎样的英文程度才算好？

其实，中国人花在学英文的时间并不少，大部分人在小学三年级就开始学习英语。现在的孩子，不少更是从双语幼儿园就开始接触英文。尽管如此，中国人说英语或其他任何外语时，还是很怕犯错而不敢开口，或是有只重视语法及单词量的迷思。

一些研究语文的学者发现，**外语的熟练程度与学习模式的关联性较高，开始学习的时间反而不是关键**。简单说，一个有趣的学习环境，搭配自然的互动就能让孩子学得更快，记得更深刻。游戏式学习也是强迫孩子使用语言的方式；总之，**语言需要有不断思考的情境练习和练习机会**。可惜这样又会误导很多家长，认为这是因为我们的孩子没有从小说英语，也没有机会接触外国人，所以应该要尽早让孩子开始学英语，甚至送出国。

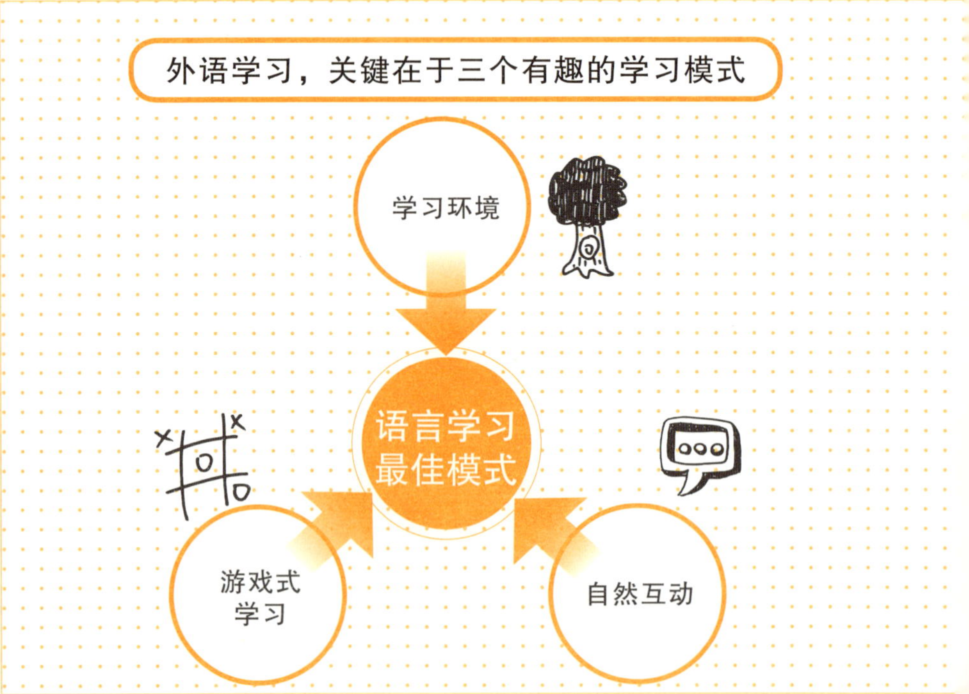

别为了学英语，让孩子感到无法沟通

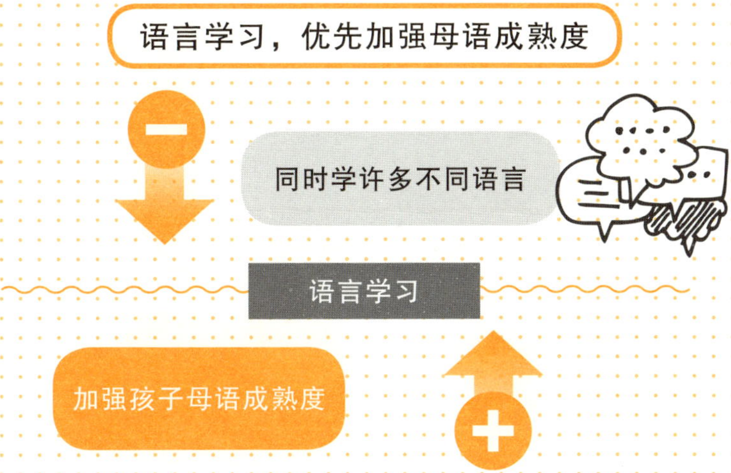

说明 语言发展未稳定前，贸然给予大量的第二或第三语言，会让孩子对主要沟通语言产生混淆。

每个孩子的语言发展速度都不一样，家长经常先把焦点放在孩子需要同时学许多不同的语言，感觉这样才不会输在起跑点，却忽略了应该要先加强孩子的母语成熟度。

临床研究发现，如果孩子的语言发展仍未稳定（如2岁半还不会讲句子），这时就贸然给予大量第二或第三语言时，会让孩子对主要沟通语言产生混淆，令他有不想沟通说话的动机，还可能出现语言发展迟缓的情形。

每当有父母兴致勃勃问我，孩子可不可以提早学习外语时，我都会请他们先观察孩子的母语沟通能力，再进一步讨论。因为母语很重要，如果学龄前的孩子连说话的兴趣与成就感都没有，又找不到一个稳定的沟通工具，那么面对第二种、第三种语言时，又怎么可能会学得好呢？

玩中学、做中学，才能奠定语言沟通能力

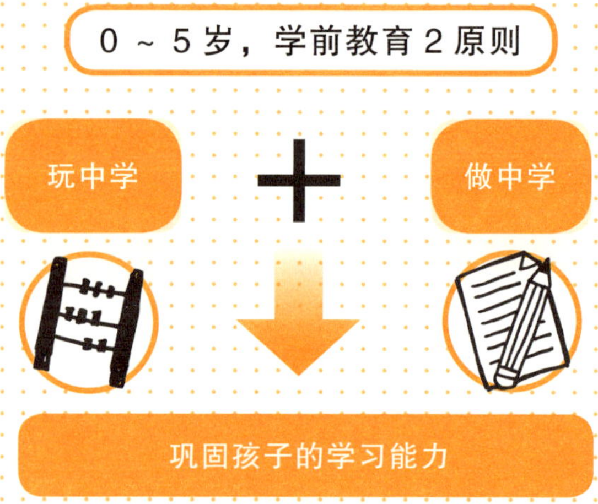

要巩固 0 ~ 5 岁孩子的学习能力，最要紧的是通过大量游戏，用玩中学、做中学的方式，来当作最基本的学前教育原则。学习语言也一样，如果只是生硬的背诵、大量的考试，一大堆的纸本练习，根本无法激起孩子的学习兴趣，甚至可能连内在的动机都一并抹杀了。

想要提早让孩子学习英文固然很好，但如果在幼儿早期阶段，父母就期待孩子日后的英文一定要比别人强，要说得流利、

精通语法，那就大可不必了。这些压力，都可能让孩子对语言学习失去兴趣，提前将孩子的语言潜能埋没！

掌握大脑学习秘密，10岁前开心学外语

4岁、10岁，语言学习两大原则

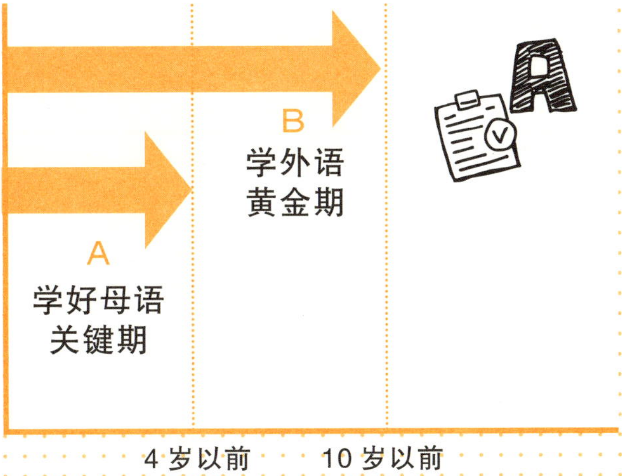

有一项语言追踪研究很有趣，研究者把学龄前的孩子分成两组，一组是从小没有补习外语，但环境中有外语的一些游戏刺激（如外语的音乐、读物、游戏内容、玩伴等）；另一组是从小就有大量的补习，被安排大量听、说、读、写外语的孩子；两组都是从小学三年级开始追踪。

原本以为，大量补习的孩子外语能力会比较优秀，结果发现，补习组竟然出现一些不喜欢英文、成绩较差的孩子；相反

的，游戏组的孩子学习兴趣较高，专心学习的程度也较高，这群孩子都不觉得非母语学习有什么压力。

这个研究显示出，孩子大脑对外界的学习刺激，说穿了就是用尽废退、过犹不及，孩子从小有没有接触过这种语言，有没有快乐地玩过这个语言，才是最重要的，只要接触过就能让大脑网络联系得更好，父母其实不用担心！

如果是用孩子不喜欢的方式学习，就会超过他们大脑的负荷，反而影响内在的兴趣与动机。从儿童发展观来看，父母应该关心的是，如何在孩子 4 岁前把第一语言（母语）巩固好！

用快乐的方式接触语言，才能激发兴趣与动机

游戏组 +

学习兴趣较高，专心程度也较高

补习组 −

不喜欢英文、成绩较差

说明 大脑对外界的学习刺激，
最重要的是有没有快乐的接触经验！

教养的真相 及早激发学外语的兴趣、动机、成就感，孩子才能学好外语！

7-4 看书无法专心的孩子：父母的阅读引导技巧

亲子共读时，最让你气馁的是什么？许多妈妈都跟我分享过类似的惨痛经验：妈妈讲故事，孩子跑来跑去都没在听？每本书孩子都是随便翻一翻，然后就没兴趣了！念故事书时，孩子都一直中断，只讲他心中想讲的！他只喜欢固定几本书，其他都不要！他的注意力集中时间很短，只喜欢听，不爱跟妈妈互动分享！

早期阅读经验愈丰富，未来学习成就愈高

若遇到上面类似的情况，我想你或多或少都有动过放弃共读的念头吧！甚至不得不承认："好啦！我就是个不会讲故事的妈妈！"可千万别这样想啊！如果把事情看得太严重，就失去了开心阅读的本意。因为天底下没有不会讲故事的父母，讲故事的方式很多，没有一定的准则，父母最该学的是结合生活、游戏、音乐、图画等，用自己擅长的方式讲出来。

我长年在幼儿园及小学讲故事，发现大人要根据孩子的反应来与他们进一步互动，时而用音乐、时而用律动，再加上丰

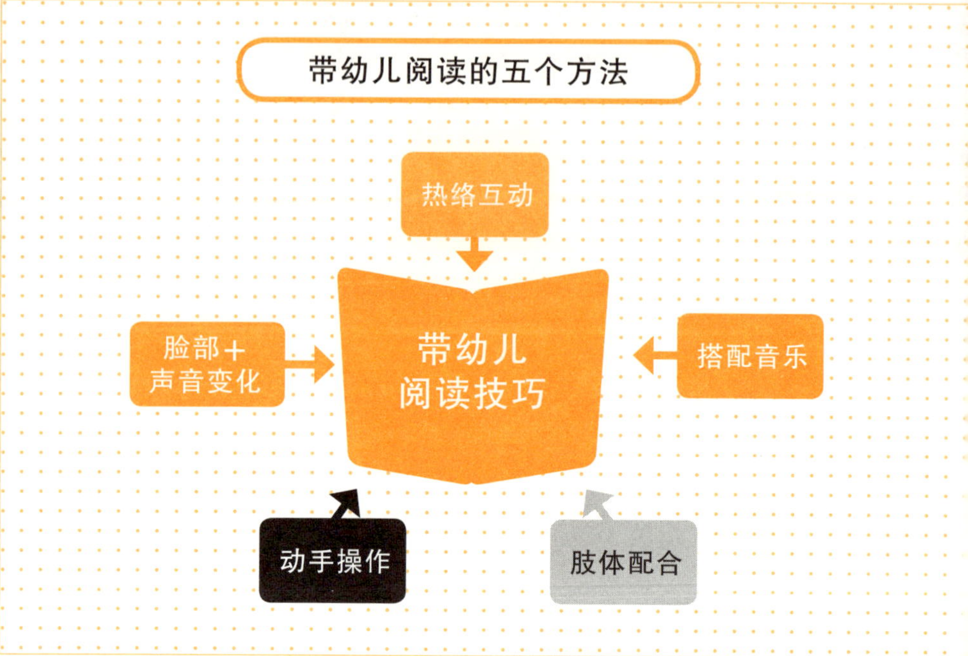

富的手势及脸部表情，并多带一点抑扬顿挫的声音，总能让现场的孩子惊喜连连。

其实亲子共读，不外乎是爸妈关起房门讲故事，也就只有你跟孩子而已，场景轻松，只需要卸下平日管教的包袱，加大声音与手势，爸妈先将故事内容全部看过一遍再开始，不必照着书上的文字描述一字一字念，也可以有很好的效果。

愈早阅读，孩子的大脑愈发达

在学习理论中，有一个很重要的赫布定律（Donald Hebb）。这是个神经放射原理，说明一个人在撷取知识前，需

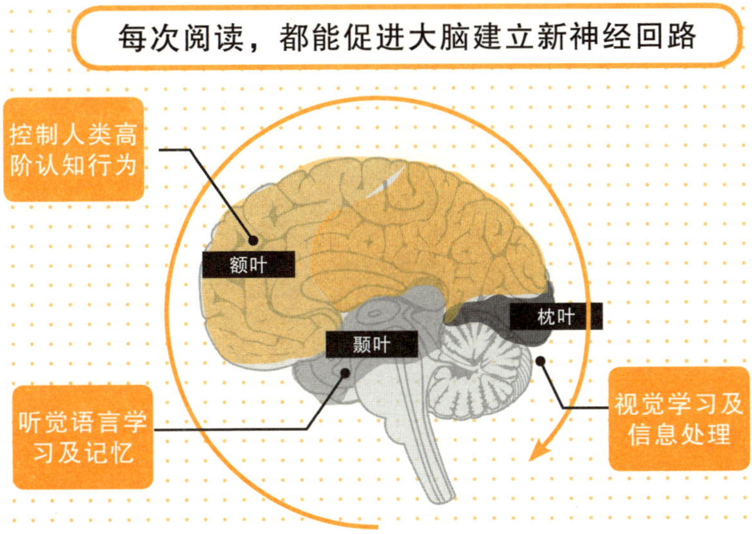

说明 每次的阅读经验，都可以促使大脑新的神经网络形成，做知识精简与分流，让学习更稳定有效率！

要激发神经细胞集团，这个过程可以经由不同系统的刺激来达成，一旦神经回路建立了，就能通过触动较少的神经细胞来学习知识。

这个概念对了解孩子的阅读学习过程相当重要，因为每一次不同的阅读经验及不同的阅读材料，对他们来说都是新的刺激，可以促使新的神经网络形成，或可提供本来无法联结的回路更多的沟通机会。如果能持续不断地累积这样的刺激，基本上就是在做知识精简及分流的工作，让未来的学习可以更稳定、熟练且有效率！

在大脑的研究中，多数科学家都认为大脑是用进废退的。**在环境中经历愈多刺激，大脑皮质活化的程度就愈显著，神经联结也愈紧密**，这也是医学界制定智力发展量表的重要指标。

而在阅读的过程中，随着不同的阅读方式，提供了大脑各区域重要的滋养，其中包括控制人类高阶认知行为的大脑皮质额叶区、视觉学习及信息处理的枕叶区、听觉语言学习及记忆的颞叶区，以及其他众多联结的区域，有许多不同的好处。

美国国立精神卫生研究所（NIMH）与加拿大麦吉尔大学（McGill University）曾对大脑皮质厚度与儿童智商的相关性做过研究，结果发现，高智商儿童的大脑皮质较厚，且这样的孩子在大脑发育过程中，能提供更多高功能认知的经验，原因可能来自“较优秀的社交模式”、“较多的语言学习机会”及“较丰富的阅读环境”，这正可印证，阅读是培养孩子高智力的有效方法。

爱阅读的孩子，才不会黏上手机跟平板电脑，若能让孩子愈早喜欢阅读，他会获得愈多情感表达机会，也能对他人的心理状态有更深刻的感受。爱阅读的孩子，智力、问题解决能力、学习能力及创造力，都会比一般孩子更好。

父母“适龄挑书”，孩子才会爱上阅读

增进 0 ～ 6 岁孩子阅读能力的分龄选书原则

1 岁前	对比明显，单一物件
1 ～ 2 岁	能操作，简单因果
3 ～ 4 岁	有主题，人物故事
5 ～ 6 岁	内容能引发思考，需听说回馈

教养的真相

要让孩子喜欢阅读，大人要先阅读；如果大人觉得是在“陪小孩”就会很累，自己在阅读，就不会累。

7-5 耐力很差的孩子：运动不足，影响学习、情绪低落

现在的家长对儿童运动已经有不错的概念，像是带孩子学游泳、去上运动中心的体能训练课程等。这些对孩子，尤其是都市孩子，都是不错的运动。只是，家长们似乎容易忽略一件事，仅仅是一周1～3节的体能训练课程，就能满足孩子的运动需求吗？

耐力很差，会影响整体学习

很多研究报告与资讯都告诉我们，运动的好处多多，可以帮助孩子入睡、提升专注力、增加食欲、增强免疫力，甚至可以帮助长高……活动筋骨可以带动全身的新陈代谢，让头脑变得更灵活。

某研究专注力的心理师认为，活动可以促进血液循环，只要能让孩子释放出四成的身体能量，大脑就能得到25%的血液，这对于负责处理长期记忆的大脑皮层来说特别重要。

孩子爱运动，不可不知的五大优点

爱运动的孩子，反应快

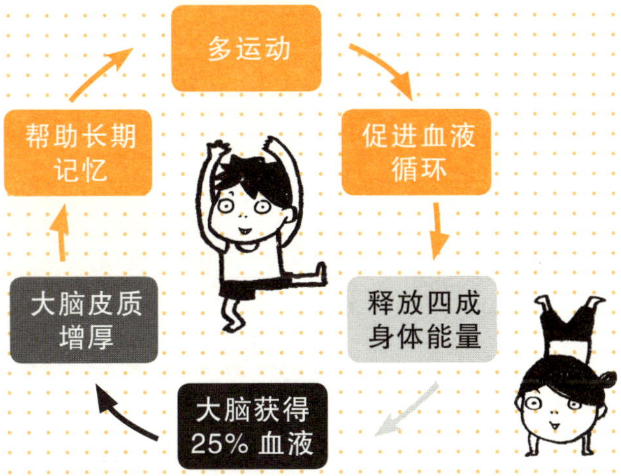

说明 运动可以增加大脑 25% 以上的血液循环，让学习更有效率。

身体活动不但可以促进血液循环，也可影响人体内神经传导物质的数量，对于降低压力也有帮助。也许你会问：“神经传导物质是什么？这么科学的名词，与小孩专注力有什么关联？”其实，神经传导物质与大脑逻辑区和情绪区的关联性很高，可以激发动机与冲动。所以，如果是爱运动的孩子，就有机会提高他在认知、判断力与注意力方面的能力。运动是令神经系统畅通、肢体活动达到平衡的一个很重要的角色。

国内外有许多研究都证实了这一结论。国外曾在一些标准化的测验中发现，如果孩子持续 3 年都天天运动，在标准化测验如 IQ 测验中，成绩会提升 6%；老师管教孩子的时间下降 21%，想想看，如果拿这 21% 的时间来专心教学或做课业上的指导，对孩子的帮助不是更大吗？

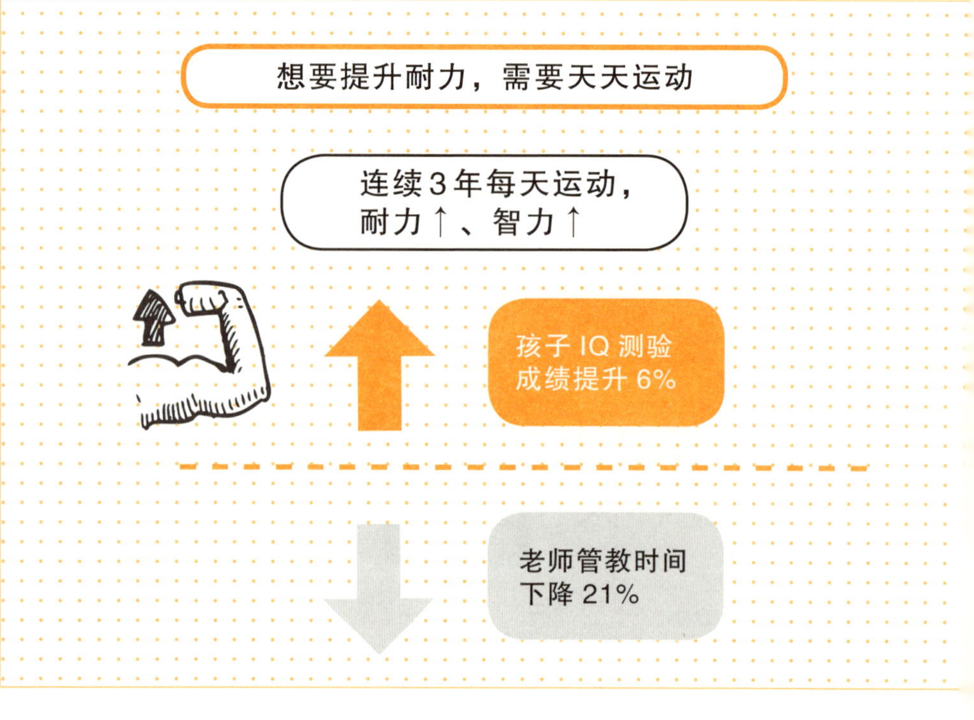

国内也有类似的观察分析，九成以上被认为是“专注力不足”的孩子，其实是运动量不够，尤其是生长在都市的孩子，运动量更加不足。运动时，脑内的多巴胺、血清素浓度增加，有助于情绪稳定，也就是说，要有足够的运动量，孩子才能静得下来。

规律运动，跟乱跳不一样

分龄运动，增强孩子的免疫力、促进孩子的体能发展

年龄	运动类型		时间 / 天
1 ~ 3 岁	结构性	丢球等	30 分钟
3 ~ 6 岁	结构性	骑自行车、踢足球等	共 1 小时
	非结构性	飞盘等	

有些家长认为每天到公园跑跑跳跳，就算是运动了；也有家长说，我的孩子每天动个不停，没停过，还需要运动吗？也有爸妈费尽心思帮孩子安排了许多幼儿足球、篮球或游泳等运动课程，但真的需要做到这个地步才有效果吗？我说，这得根据你期望达到什么效果而定了。

运动分为很多种，伸展呼吸运动、肌力训练、有氧运动、高强度间歇运动等，这些运动所带来的效果并不一样，在时间

有限的情况下，当然要带孩子做对的运动。

从国外的研究可以发现，运动分成两种形式，一种是结构性运动（structure），另一种是非结构性运动。结构性运动就是打球、跳绳等；非结构性运动是一般的跑跑跳跳、滑滑梯等。

结构与非结构运动

结构性运动	打球、跳绳，有“频率、次数、玩法”的运动
非结构性运动	跑跑跳跳、滑滑梯、冲来冲去

有研究发现，1 ~ 3 岁的孩子每天都需要 30 分钟的结构性运动，可以做一些游戏当作运动。爸爸妈妈带着孩子帮气球打气，或者陪他去户外玩丢球、接球游戏等；只有让这些活动变成固定且规律的运动，孩子才算真的有运动到。

3 ~ 6 岁的孩子，结构性运动可以试下学骑脚踏车，或者到户外草地踢足球等；非结构性运动就类似玩飞盘等。如果每天都能持续进行结构性与非结构性运动共 1 小时，孩子的身体活动量也就足够了。

不同运动种类，好处也不一样

运动对幼儿的益处，通常大家认为可以增强孩子的免疫力、促进孩子的体能发展。没错，但运动的益处不只是这样，目前已经有许多的文献证实运动对幼儿有其他相当多的好处。

增强记忆力，要动脚

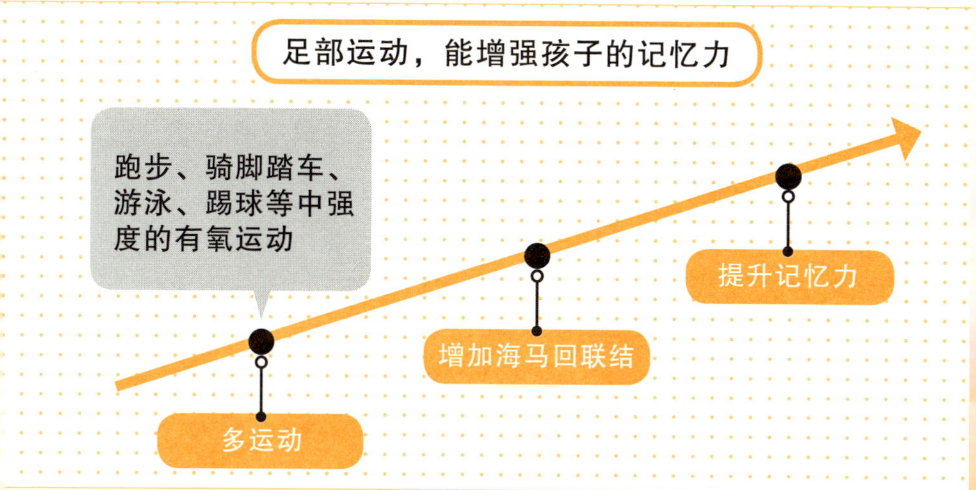

大脑中的“海马回”是掌管记忆力的中枢，有氧运动有助于增加海马回的细胞联结。持续性的中强度耐力运动（如慢跑），相较于肌力训练或高强度的间歇性运动，更有明显增加海马回的细胞联结的效果，因为跑步能增加脑源性神经营养因子（Brain-derived neurotropic factors, BDNFs），促进海马回的细胞的增生，进而增强大脑的记忆功能，上述的研究结果虽然只是动物实验，但普遍认为深具意义。所以，要想让孩子的大脑更灵活，多跑步总没错！

增强专注力，要玩球

专注力培养，需要大脑各区域相互合作。前额叶掌管执行功能，顶叶掌管视觉空间处理，基底核掌控冲动和注意力转移，小脑则是管理注意力的区域，后两者都与协调平衡有关，如果想要同时刺激大脑的多个区域，最好的运动就属球类运动了。孩子在玩球的过程中，一般都会包含跑步、协调、平衡、视觉空间、速度与敏捷度等，因此，球类活动可说是“性价比”最高的运动了。

球类运动，最能刺激孩子的专注力发展

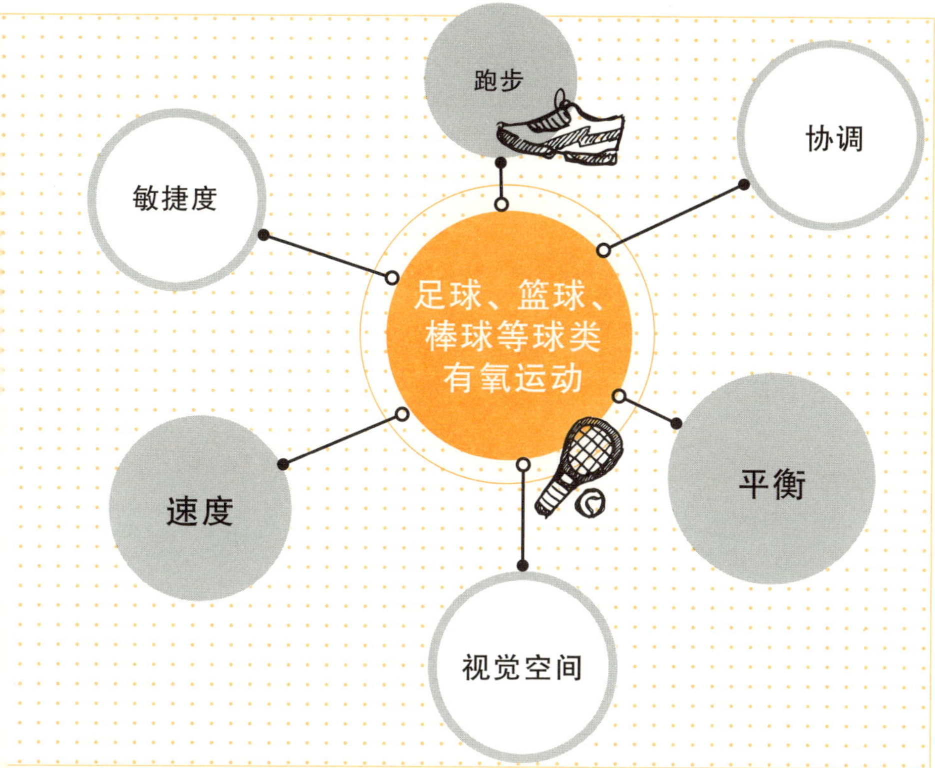

提升思考力，要出力

大脑的前额叶有总指挥之称，负责思考、推理与执行，最终解决问题，锻炼肌肉能增强大脑的执行功能。肌力训练可以加快大脑的血流速度，提高警醒程度与注意力，又能增加第一类胰岛素样生长因子（IGF-1）的释放，促进神经细胞间的联结，对双侧前额叶的活化很有帮助。攀爬、单杠、仰卧起坐、拔河等肌力训练，可让孩子冷静、帮助孩子思考。

前额叶，是大脑的总指挥

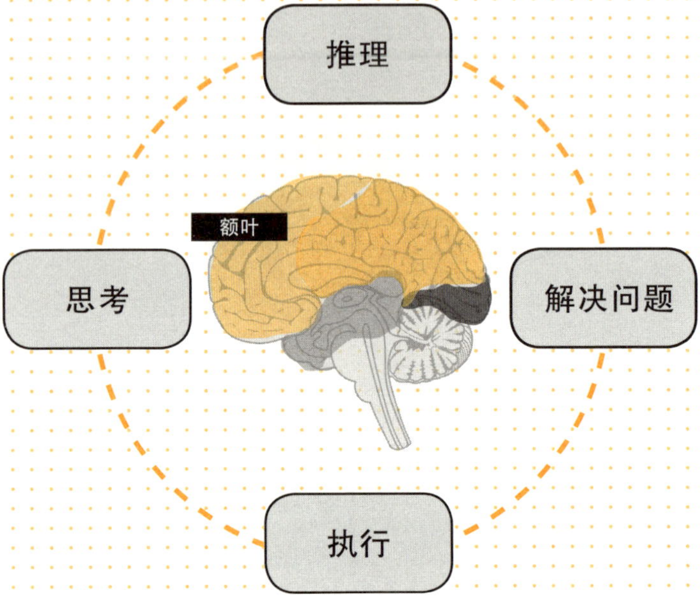

肌力训练，能提升孩子的思考力

增强耐挫力，要有节奏地呼吸

大脑中还有一个掌管情绪的“杏仁核”，是处理身体感觉与情绪的位置，额下回则是同理心的重要位置。运动能增加多巴胺、血清素、内啡肽等的分泌，只要持续运动，就可以让人感到快乐。但是若想特别增加自信、耐挫力、自我概念等，可以做节奏呼吸、冥想与姿势调整的瑜伽运动，以增加杏仁核与额叶灰的质量，提升血清素的分泌、降低皮质醇释出，有助于减轻焦虑，增强自我概念与自信心，所以对提升情商、增强耐挫力和自信心很有帮助。

不同运动，效果大不同！

运动种类	运动形式	运动效果	备注
跑步、骑自行车	中强度有氧运动	记忆力↑	可以边跑步边算数
球类活动	中高强度运动	专注力↑	边玩球边计分
单杠、仰卧起坐、攀爬	肌力训练	思考力↑	加上有氧运动效果更佳
瑜伽	有节奏的呼吸运动	情绪力↑	加上中高强度运动效果更佳
游泳	间歇性运动、较低温环境	食欲↑	1. 时间勿过长 2. 别在密闭室内游泳池
慢跑、跳跃	持续性、长时间有氧活动	长高	跳跃活动可以每天做

教养的真相

很多孩子坐不住、静不下来，都是因为动不够！每天让孩子至少运动 1 小时，就能活化大脑，提升学习效率。

后记

身为一个妈妈，总想照顾好整个家。

时时刻刻都在付出，却没有留空白给自己。

但，妈妈也会累、也要休息、也需要独处……

别急！大家都是从生了孩子后，才开始学着当妈妈。

慢慢走，孩子永远都会等你。

就算做得没那么好，你还是一位好妈妈。

王宏哲教养育儿宝典

妈妈，没关系！不管有多难，孩子会等你，也希望你等他长大

听我说 ❶

不当“控制孩子”的父母，而要当教他“自我控制”的父母

孩子：妈妈，老师说我今天弹琴弹得很好。

妈妈：真的啊！很棒！

孩子：那等一下可以去买神奇宝贝贴纸吗？

妈妈：为什么要买，你贴纸已经很多了！

孩子：我没有很多，只要再买一张，拜托！我有努力弹琴！

妈妈：……

如果你是妈妈，你纠结的原因应该会有以下几个。

原因	买给他	不买给他
思考 1	今天，孩子是真的表现不错	怎么可以他想要什么，就都买给他呢
思考 2	贴纸比较便宜	就算贴纸便宜，也不能随便买。每周花 10 元，一个月下来也有 40 元
思考 3	买给孩子他会很开心，我喜欢他开心	和孩子约定好集点制度，想要买应该用他的点数来换
思考 4	不买给他，等一下可能又要闹脾气	上课本来就要好好表现，买给他会养成条件交换的习惯
思考 5	不买会不会以后上课就不好好弹了	已经很多贴纸，孩子都随便乱贴，不该再买

对孩子说“不”，真的很难

这样左右为难的情境，是否经常出现？专家总是告知父母，对孩子要能设好底线。但实际上对孩子说“不”真的很难，因为我们都喜欢看到孩子快乐，他快乐我们也快乐，他难过我们也难过，更何况有些孩子闹起脾气来，真的令父母招架不住。

的确，今天我们举这个贴纸的例子，也许真的不是什么大事，但如果很多小事不处理好，孩子就会养成没底线的坏习惯，你的犹豫会让孩子愈来愈没有底线，最后父母在家中的地位沦为次等公民。当家长开始想要控制孩子的坏行为时，早就错过最佳时机了。所以，**若想当个坚定自信的父母，最重要的职责是设好底线，不是控制孩子的反应或感受！**

很多父母跟我讨论过这个问题，“我也想好好设底线，坚守原则，但有外人在时，总是很难做到。在外面可能有亲朋好友、过度好心的大叔大婶，甚至是“正义魔人”；在家里可能有满腹育儿经的长辈或其他家人，会评论或质疑我的教养，让我不禁怀疑自己是不是做错了。”如果是这样，那么请记住：**没有人比你更了解你的孩子，也没有人知道你的教养准则，所以当你面临这些外在压力时，也请坚守你的信念，妥协的确能很快解决问题，但它却可能是日后问题的来源！**

美国行为治疗师詹姆斯·勒曼（James Lehman, MSW）曾说过：“父母一定要时常问自己，现在该做什么决定才是对孩子好。”答案可能是设定底线，可能是让孩子知道后果，但无论如何都能为孩子上重要的一课。

说得轻松，你知道处理吼叫的小孩有多困难吗？

当爸妈对孩子说“不”时，孩子可能会尖叫、哭闹、咒骂、乱丢东西、破坏、攻击，或无限轮回“这不是肯德基”，也可能会一直缠着爸妈苦苦哀求，让你觉得好烦好难过，想着干脆答应孩子好了。但你有没有想过，妥协不就代表让孩子学到可以用这样的情绪行为去勒索别人吗？而且即使你前面防守成功了 99 次，只要你的底线被突破一次，孩子还是会知道你的底线是可以被突破的！

这时候该怎么做呢？你可以这样正向思考：

· 孩子现在生气是没关系的，他未来会面临更多的挫折，也会被他人拒绝，我这样做是为了让孩子成熟，对他的学习负责。

· 反正孩子经常对我生气，我不需要这么在意。刚好可以让他学习如何控制自己的情绪，冷静下来就能好好沟通了。

要记住，如果你常陷入负面思考，例如，我怎么这么惨，我家孩子怎么这么多坏情绪，我是个很失败的妈妈吧……那么你就会成为很容易被突破底线的父母，类似的情境，更容易无限轮回。仔细想想，对孩子而言，有绝望感时，怎么可能会没有情绪？怎么可能会完全不争取就欣然接受呢？这样就不是孩子了吧！教养，最重要的是要引导孩子“没办法时就要想办法”，在孩子突破底线前，他是否已用尽各种办法了呢？

破解孩子的“明谋”

有些孩子很厉害，当你说“不”时，他不会立刻翻脸，而是使出下列这几招。

孩子类型	孩子这样说	说话的心理	破解法
甜言蜜语型	可是我真的好想要贴纸，不买的话我会很伤心，你今天买给我，我下次会表现得更好……	▶**让你舍不得拒绝**	别跟着孩子跑偏，你的陪伴一定比贴纸强
一针见血型	我就知道妈妈你不爱我，连贴纸你都不买给我，人家强强的妈妈都常常买给他……	▶**让你觉得羞愧**	我会陪你做更多有趣的事，强强妈妈不一定做得到……想办法把话题扯远、离开现场最重要
条件交换型	妈妈你如果买给我，我等一下吃饭时会很快吃完，也会赶快把作业做完……	▶**让你觉得答应的事情有价值**	看起来很合理，但其实是过度交涉。如果松口，无疑在教孩子，你的底线并不坚固，当你说“不”的时候不代表真的是“不”。更何况孩子所提出的条件本来就是该做的事情，拿来交涉并不合理

现在你知道该怎么当个有底线的家长了吗？跟着下面的教养心智图，一步一步做，让教养不再“卡卡卡”。

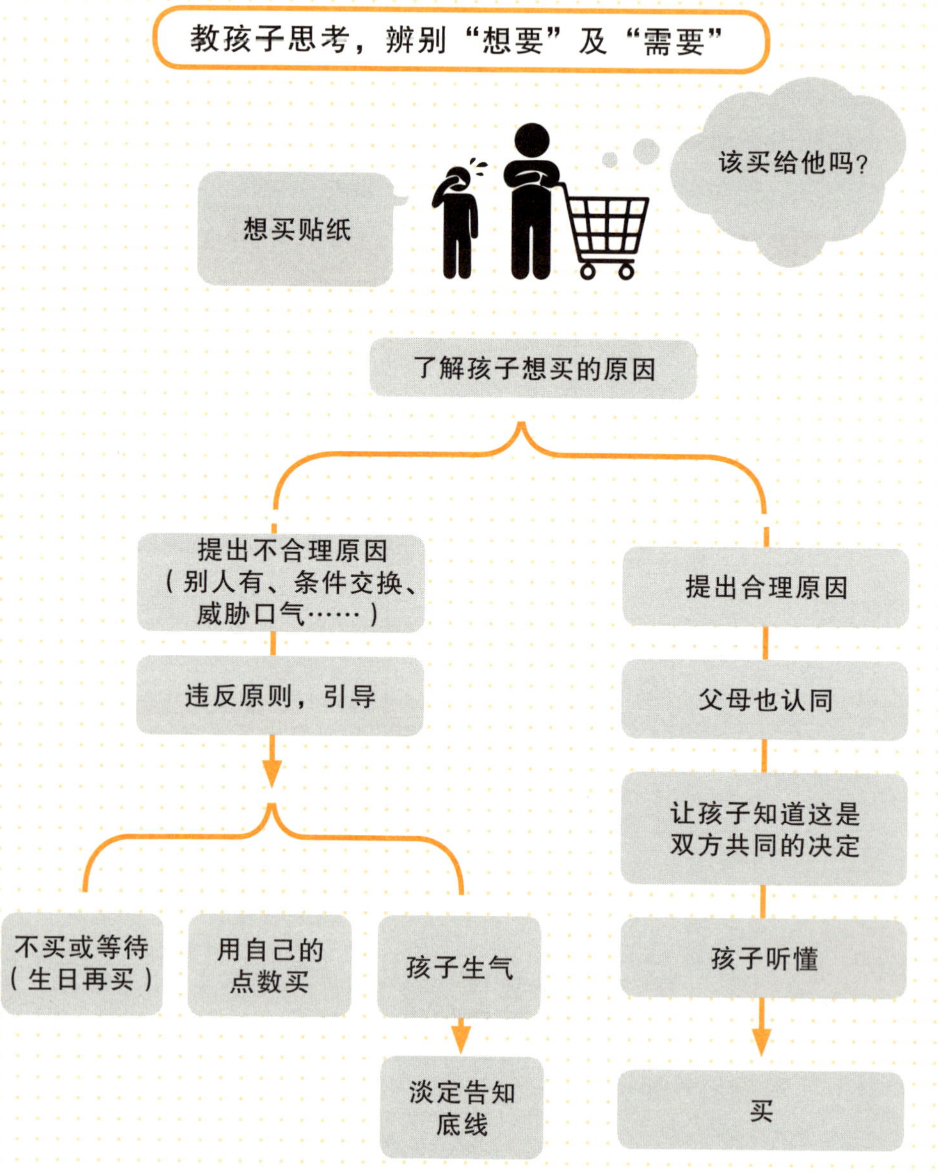

听我说 ❷

充满负能量，妈妈需要认同与支持

在教养的路上，很多时候是妈妈付出得比较多，周遭的亲友若能站在同一阵线上，给妈妈更多的体谅与帮助，就能减少许多负能量，让孩子身心健康地长大。

妈妈也可以有独处有远方

现实生活中，确实有很多妈妈为了孩子放弃自己的职场工作当全职妈妈。心中不时抱着被迫改变、放弃的遗憾，等到孩子长大后，开始埋怨："都是你们害的！"我始终不认为所谓的好妈妈，都必须在家当全职妈妈，有些人的确适合在职场上发挥，也有些人能同时把孩子、家庭和自己都照顾得很好，只要找到适合自己与家人的生活方式就好。

沮丧感 1：孩子怎么会这样，都是我害的吗?

曾有妈妈问我："自己跟哥哥的孩子都是长辈帮忙带的，但自己的孩子动手打人，结果长辈认为当爸妈的没有教，没有凶小孩、骂小孩，所以孩子才会不乖、不听话。"这让妈妈很内疚，认为是自己做错了什么才导致孩子这样。

这种问题最常出现在长辈与妈妈的育儿观念不一致上，在遇到类似问题时，一定要把大人的问题跟小孩的问题分开。例如，如果婆媳间本来就有不信任的问题，教养孩子（孙子）的意见自然会相左，以至于出现这样的对话“都是你没教，你这个妈妈怎么这么不会教孩子呀！”“你看看，都是你没教，他才会打人！”等负面意见排山倒海而来，令妈妈既难过又心生疲惫。

这时，妈妈也不用太自责，不用想着孩子的外显行为是因为自己没教好导致。若冲突的起因来自婆媳问题，要适时把问题丢出来让孩子的爸爸知道，不用全数一人承受。

至于小孩吵架时，也是有办法可以解决的。如果当下不知道谁对谁错，可暂时将他们两个分开，禁止他们说话或玩在一起。孩子们的互动总是分久必合，当他开始想跟另一个孩子玩时，就提醒他们前面吵架的事情，作为后面相处的提醒。

沮丧感 2：我付出了很多时间在孩子身上，他还是不听话……

“老师，我最近遇到一个难题，让我觉得很受挫，我的孩子都不听我的，叫他做什么事情，都只会回我‘为什么？我不要！’最近，甚至还回我‘你了不起呀！我干吗都要听你的。’这让我觉得自己是个失败的妈妈。我都花了那么多时间在他身上，为了他也离职了，整个重心都在家庭与小孩身上，几乎没有自己的生活……请问我到底该如何教小孩，才能让他心甘情愿地听话呢？”

从孩子出生后，从来都没有一套标准程序告诉父母，要如何教养孩子，即使有也都不属于自己，因为每个孩子、每个家庭都会遇到不同的事情，根本不能一概而论。

如果连妈妈本身都觉得自己的方式是错的，一定会更不开心！建议妈妈要转念，因为要照顾好一个家庭，真的非常不容易，要给自己奖励与好分数，从中找到成就感，才是最重要的。

有时候，对婚姻的期望愈高，就会跌得愈深，但是，即使家庭会伤人，爱仍要存在。曾有一项研究发现，结婚 3 ～ 5 年这个阶段，是离婚率最高的时期，以往我们都认为，离婚是因为对方觉得我们不好，但从研究中来看，多数是因为觉得自己不好而离开，怕自己无法满足别人的期待。

你设想的婚姻一定是美满的，有个爱你的先生、子女听话、受公婆疼爱，一旦并非如此，就会觉得自己跌入了万丈深渊，但真实状况是：**全心全意投入，不一定有同等的回馈。**

听我说 ❸

好妈妈，千万不要当好老师

教养辛苦的地方，就是没有人教妈妈如何当妈妈！生了孩子后，在没有使用说明书的情况下，妈妈都得自己去摸索，找到适当的方法来跟孩子、另一半，甚至是长辈沟通，这一路的跌跌撞撞，常常令妈妈感到挫折。

很多妈妈都会抱怨："带孩子很烦！要烦这个、烦那个，一边要担心工作，一边又怕孩子吃不好、生病，免疫力比其他孩子弱……"但是，当你总是检讨自己是不是一个失职的妈妈时，你常常把自己升级成老师的角色，好妈妈千万不要同时扮演好老师的角色！因为，当你化身为老师时，特别容易伤害到亲子的和谐关系。

我常说，父母只能在有限的时间内，尽量地陪伴孩子，若有教养冲突与争执时，也要以"彼此是为了孩子好"的想法沟通，如此一来，沟通就会变得小声、动作就不会那么激烈，夫妻也不再怒目相对。久而久之，彼此之间的关系就能得到改善。

在家里，这样的画面经常出现吧。妈妈带了一天的孩子，身心俱疲，情绪也一直高涨，这时爸爸回来了，却只看到妈妈对孩子火山爆发的那一刻，于是说："你干吗对孩子那么凶？不能好好讲话吗？为什么要让孩子哭成那样？你到底怎么教孩子的？……"诸如此类的指责语气，往往让妈妈的情绪更加失控，觉得爸爸不懂自己，完全无法沟通。

面对这种事情时，我建议妈妈仍要冷静下来另外找时间与枕边人沟通，说清楚自己是受了什么挫折，带孩子的难为之处在哪里。甚至有时要让另一半试着带孩子一两天，体会一下妈妈的心情。试着放手，信任爸爸自己带孩子，这并不是要陷害他，而是要让另一半体会一下带孩子这件事，毕竟孩子是夫妻两个人的！

妈妈们，别陷入自己“不够好”的迷思

妈妈太累了，时常要一心多用

下次，当你的血压再次飙高时，请先仔细思考一下：“你有没有放过自己？”举例来说，带小孩明明很累，却又想一心多用。于是，想当好妈妈，又想当好太太、好媳妇，甚至是好员工、好主管，自己却完全没有喘息的时间。这样的你，是绝对找不到好方法来教养孩子的。

就像市场上的教养书，理论上是希望让妈妈们能拿来当作参考工具书，让教养之路更轻松。但结果往往是，已经很累的状况下，又想做百分百的好妈妈、想好好教养孩子，最后，却被负能量打败，让自己更受挫。我认为，所有的教养专家，应该都希望父母是在充满正能量的状态下阅读教养书，这样才能达到真正的效果。

在此前提下，提醒妈妈们，一定要找个空当让自己放松一下，别让自己太累，也别再一心多用了。

妈妈习惯只看到别人最好的一面

信息发达时代，无论是从朋友圈或其他社交网站上，经常会看到教养文章，但你有没有发现，似乎所有的教养文章，都只说出好的方面。好像别人的孩子都特别乖，别的妈妈都特别会带小孩、也很会做料理，看到最后出现“别人都是100分，只有自己最糟糕”的情绪。

我想说的是，教养不需要比较，不用比孩子身高、不用比谁吃得好，也不用比谁成绩比较好之类，因为，谁也不知道，在屏幕的背后，别人家的孩子可能也曾经同样不受教、不乖、不听话，只是写文章的人没写出罢了。

记住，千万不要只看到别人好的一面，因为你容易忽视自己做得很好的那一面。

带孩子容易没有成就感

不用怀疑，在家带孩子的确是件不容易有成就感的工作。也因为感受不到成就感，所以不是一件能轻易达到100分的事情，因此，不用对自己要求那么高。

如果你觉得带孩子真的没办法让自己更轻松，甚至觉得可能上班对孩子更好时，那就这样做吧！不必因为自己没有全职带孩子而感到愧疚，只要能帮自己与家人找到一个最和谐的关系，那么，送孩子去保姆家、去幼儿园又有什么关系呢？

不知不觉凡事以孩子为中心

许多妈妈凡事总以孩子为中心，买孩子喜欢吃的、自己吃他剩下的；总是最后一个洗澡、上床；完全没有自己的时间做喜欢的事情，这其实不太好。

现代教养讲求以家庭为中心，也就是说，如果孩子到了可以商量的年纪，应该要用讨论的方式来做决定，包括晚餐吃什么、要去哪里玩等，你应该发表自己的想法与意见，而不是凡事都由孩子做主，否则，等到哪天做不到时，一定会很受挫。

毕竟，家庭中的每一个成员都很重要，也都需要彼此沟通、谅解，这样才能使孩子懂得为他人着想，养出能体谅与体贴爸妈的暖男或暖女。

旁人的杂音太多，自己不够坚定

在我们身处的环境中，周围一定有很多不同的声音，让自己的教养之路变得不坚定，无论是另一半、亲友或公婆，甚至是不认识的路人，这些人都不应该成为你压力产生的来源。

我常说，不是真正教养孩子的人，最好能放下你的声音，不要管别人如何教育孩子。若真想关心，也应该先了解教养过程中孩子跟妈妈的冲突来源，以及背后的故事。千万不要一句“别让孩子哭啦！”“你为什么这样教呢？”“一定要这么凶吗？”让妈妈产生莫大的心理压力，这可是会让没有抑郁症的人转变成抑郁症患者。

妈妈本身，请记得千万要放过自己，尽量让自己有喘息的机会。这样，你才能用正能量教导并感染孩子，教出自己真正想要的孩子。

听我说 ❹

让爸爸参与育儿，刺激孩子各阶段身心发展

教养孩子这条路走起来相当不容易，如果把责任全部落在妈妈身上，真的过于辛苦，只有爸爸同时给予助力，家庭教养工作才能分工做到最好。夫妻两人发挥所长，教养孩子自然轻松许多。

我们这一代的爸爸，已经不像上一代的爸爸，承担了绝大多数的经济重担。我非常乐见现在有愈来愈多的爸爸愿意积极参与教养，与孩子互动，一起成长，这令人相当庆幸，因为爸爸参与育儿确实有极大的好处。

爸爸们，别让自己在孩子的心里缺席

镜头下的我，每天工作都很忙，但接送孩子、教育孩子、带着孩子去玩很多好玩的课程及活动，甚至是每天晚上的亲子共读时间，我从不缺席。原因是，我不想在孩子的成长过程中缺席，虽然工作与亲情兼顾并不轻松，但这样的陪伴，更有助于我了解自己的孩子。

从前的教养观念，好像都觉得孩子的安全感和妈妈的陪伴有关；其实爸爸也是孩子依附关系及人格发展的重要人物。孩子可能 1 岁前不理爸爸，但 1 岁之后，随着心智发展，当他想要开始

大量探索时，爸爸们若能善用会探索及会陪玩的专长，分散一些孩子对妈妈的注意力，就能减轻妈妈的负担。例如，帮孩子洗澡顺便玩水、陪孩子阅读、跟孩子一起玩球和涂鸦，或者带他们去简单采购，甚至假日带全家出门游玩等，都可建立孩子长大之后“跟你很亲”“会听你话”的亲密亲子关系。

爸爸在孩子各个成长阶段扮演的角色

爸爸对胎儿的重要性

过去曾有研究指出，从宝宝还在妈妈肚子里，另一半就开始努力学习当爸爸（陪伴太太）的家庭，孩子早产或婴儿猝死的比例会较低。也有研究发现，新生儿出生 2 小时内和爸爸有肌肤亲密接触照护（skin-to-skin care）者，宝宝会比较容易入睡，也比较不爱哭。

的确，宝宝出生的第一年，爸爸参与育儿会比较容易受挫，因为男性是天生的玩伴，而他们玩的方式对这个阶段的宝宝来说，总是太过刺激、太过有活力、太过令人警醒；所以宝宝会偏好找比较有安全感、能令人平静的妈妈。建议从这个阶段开始，妈妈就要努力让爸爸在孩子吃饱、睡饱、心情好时，多和孩子互动，或者让爸爸帮孩子洗澡（通常泡澡时，孩子都会比较平静），因为孩子的一举一动同样会改变爸爸大脑的活动。

2015 年以色列脑科学家曾发表研究指出，当妈妈看着自己宝宝的一举一动时，大脑中的杏仁核活化较多，换言之，会很容易感同身受，会比较容易情绪化；相反地，若是爸爸看自己宝宝的一举一动，大脑活化较多的是颞上沟（superior temporal sulcus），这是大脑心智网络中的重要区域，也就是说，爸爸会更善于分析情境、厘清事情的来龙去脉、变得更有责任感。所以，爸爸陪孩子玩时更能掌握孩子的反应并做出相应调整，爸爸也会比较容易有成就感。

爸爸对孩子童年早期经验的影响

北卡罗来纳大学曾经做过一项爸爸妈妈对 2 岁孩子语言能力的影响的研究，研究重点是考察当孩子 3 岁时，谁对他的表达能力影响更大。结果发现，相较于妈妈，爸爸对孩子的语言发展能力影响更大。学者认为，这是因为妈妈长时间陪伴孩子，非常熟悉孩子，所以会用符合孩子语言能力的话互动，而爸爸的说话方式，会让孩子接触到不同的词汇与表达方式。所以，爸爸下班回家后，不一定要陪孩子玩得多疯，但记得一定要讲讲睡前故事，这对孩子日后的发展会很有帮助。

此外，由于爸爸偏好玩得较疯狂的游戏，这样的游戏能减少孩子的内外化问题行为（内化行为包括：忧郁、社交焦虑、社交孤寂；外化行为包括：将情绪压力用外显行为方式呈现，多具攻击性、冲动性）产生，能增强孩子的社会竞争力。建议爸爸们假日时多带孩子一起到户外追逐跑跳，一方面能维持自己的健康，另一方面也能让孩子的心理发展得更好。

爸爸对孩子青少年时期的影响

研究显示，爸爸参与育儿教养，可以增进男性青少年的认知发展、减少他们不当的行为问题；可以减少女性青少年心理问题，促进她们的认知发展、社会反应能力、独立能力，以及减少意外怀孕情况的发生。所以说，爸爸对孩子健全的两性观念发展也起着重要作用。

爸爸对特殊状况孩子的影响力

也有不少针对家有特殊或重大疾病儿童的研究，发现爸爸积极参与育儿，相较于较不参与者，对儿童的治疗效果、儿童健康发展等效果较佳；还有一项针对新生儿加护病房的早产儿研究也发现，爸爸若有参与早产儿的育儿，早产儿在3岁时的认知发展会较佳。

爸爸多参与育儿，对孩子身心发展影响大

爸爸育儿好处1：可以提升女儿对异性的判断力

多数的爸爸，在女儿心中是偶像，对女儿能产生很大的影响。尤其当父女间的关系良好时，爸爸会成为女儿日后挑选另一半的标准；而父女两人之间的互动，也能让女生学习如何跟异性相处。也许有些爸爸会发现，女儿小时候总是黏着他，长大后却似乎跟自己保持了距离。但我认为这是件好事，表示女儿已经知道两性之间应该要有的分寸，这对女儿青春期后，与异性互动上的分寸拿捏有很大的帮助。

爸爸育儿好处2：提供儿子冲动控制的模范

有些男生个性冲动，性子急没耐性，这时爸爸就能当个好示范。只要爸爸适度将自己虽好动却能控制情绪的行为展现出

来，儿子就会把爸爸当作模仿对象，学习控制自己的情绪。大家都知道，教养路上，爸爸与妈妈的形象有很大的不同，就好比，妈妈的教养方式很容易沦为唠叨，虽然这无所谓好坏或对错，但是，若在孩子的成长过程中，加入爸爸简洁有力的说话方式，是可以改善儿子的自我控制能力的。

我自己小时候，父母对我的教养方式也是如此，妈妈总是有很多的担心，不断地念叨着许多事。爸爸因为工作忙碌，说话总是挑重点也会陪我玩，但只要一惹他生气，就会令我非常害怕。

我常说，妈妈是天生的育儿高手，如果能善用爸爸的优点互补，用玩游戏的方式教孩子，协助妈妈一起教养，应该能达到更好的效果。举例来说，当孩子不吃饭时，爸爸出手的状况通常会是“赶快吃，吃完我带你出去玩”“吃快点，再不吃我就收起来”“别吃得到处都是，赶快捡起来收干净，不然我就收起来了”这种方式可让男孩听到重点，瞬间让孩子回神，这也是训练孩子自制力的最好机会。

爸爸育儿好处 3：激发孩子的抽象认知学习能力

孩子们从小开始就需要奠定许多能力，语言能力、认知能力、逻辑思维能力等似乎都能慢慢培养，唯独想象力，有时必须靠模仿或从平日的教养得来。爸爸天马行空的讲故事方式，有时会比呆板地从头念到尾，来得更有趣、更具想象力。

而且，育儿过程中，大部分的妈妈与孩子玩游戏时，会比较偏向守规矩，一步一步照着游戏规则进行，但年幼的孩子在规规矩矩的活动内会变得没耐性，很容易放弃。这时若是由爸爸来玩，就可以用比较随兴的方式，反倒能吸引孩子的注意力，玩得更长久。因为爸爸偶尔犯个小错的玩法，会让孩子了解：

“哦，原来爸爸也会犯错。”

爸爸育儿好处 4：增强孩子的语言表达能力

别怀疑，两性的语言表达技巧不一样。通常女性习惯用比较发散的语言说明事情；男性则会挑重点说，也习惯先组织再条列说明，来表达自己的意见。孩子年龄愈小，愈适合条列说明，这样能让他更容易快速学习。因此，当孩子正在学习表达时，请爸爸给予条列式重点，这对他的语言表达能力有较好的正增强作用。

爸爸育儿好处 5：帮助孩子更快了解底线

当妈妈在教孩子规矩时，如果身旁能有一个人表达赞同，孩子就容易汲取教训，担当这个角色的最佳人选就是爸爸。反之，若爸爸不给力，只是一味责怪妈妈，孩子就会懂得用取巧的方式，钻爸妈间的漏洞，甚至会愈来愈不守规矩、不愿意听话或合作，规矩更难建立。两人教养一致，会让孩子觉得无缝可钻，不能予取予求，如此一来，教养才能轻松有趣。

爸爸育儿好处 6：有助于孩子的人格发展

很久以前的研究曾经证实，爸爸无论是对男孩还是女孩的人格发展，都有很重要的影响，有父亲参与育儿过程的孩子，将来人格发展得会较为健全。

由于男性和女性的教养方式很不一样，所以对孩子犯错事件的看法不见得相同。当然，这也和男人与女人本身大脑就有区别有关系；一般来说，妈妈会比较情绪化，所以当孩子犯错时，直觉认为孩子应该要被处罚，但爸爸可能会从其他的观点来解释、提供不同的想法。其实，家庭里多一种声音、让教养不只是女王或国王的发号施令，也能间接启发孩子的创意，以及多元的思考能力，加速孩子的发展。

爸爸育儿好处7：给孩子跌倒的机会、培养孩子的问题解决能力

常听到妈妈抱怨自己的先生，带小孩时总是粗心大意，一下这个受伤，一下那个没带，好像很不放心似的。确实也是，同样是带孩子出门，比比看妈妈的包包和爸爸的包包里面装了什么就知道了。以2岁孩子为例，爸爸可能只带个水壶、尿片、钱包就出门了，但妈妈可能会加带备用衣、随身药物、湿纸巾等一大堆东西。妈妈好像总是想把孩子照顾得非常周到、安全，但是太安全反而会让孩子没机会去探索、冒险。

反观爸爸，会比较倾向鼓励孩子冒险、凡事不用预想太多、遇到问题时再想办法解决。因此，如果成长过程里，若少了爸爸这个学习模仿的对象，孩子就会少了很多刺激来源！尤其从幼儿园开始，孩子接触女老师的比例高，男孩如果在环境里找不到学习模仿的对象，父职角色又不积极参与教养时，他就很难通过崇拜、模仿，进而学习到如何扮演男性的角色，缺少力量、勇敢、跌倒了再爬起来等的阳刚特质。

附录 让孩子更专心：父母该懂的七大专注心法

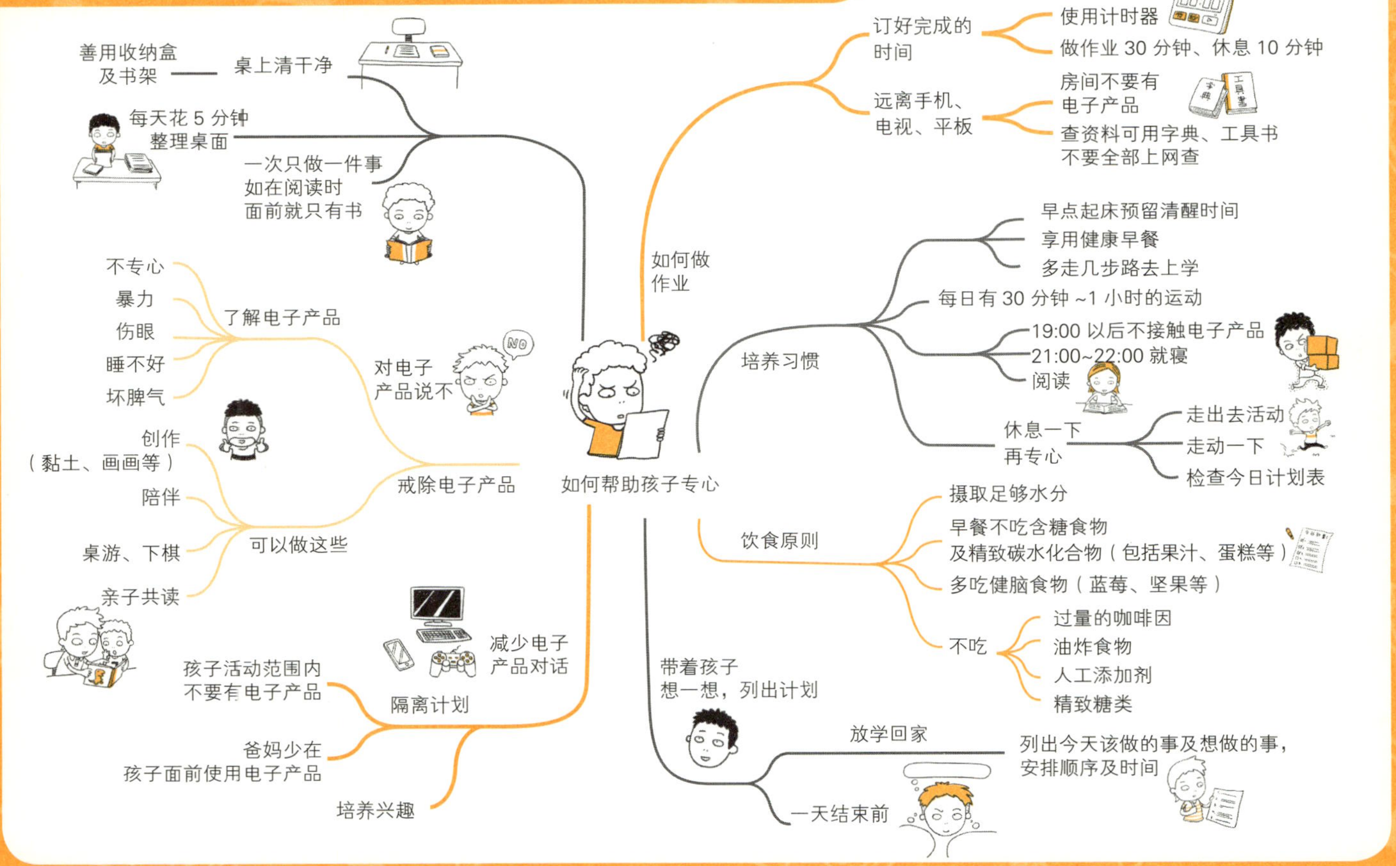